essentials

essentials liefern aktuelles Wissen in konzentrierter Form. Die Essenz dessen, worauf es als „State-of-the-Art" in der gegenwärtigen Fachdiskussion oder in der Praxis ankommt. *essentials* informieren schnell, unkompliziert und verständlich

- als Einführung in ein aktuelles Thema aus Ihrem Fachgebiet
- als Einstieg in ein für Sie noch unbekanntes Themenfeld
- als Einblick, um zum Thema mitreden zu können

Die Bücher in elektronischer und gedruckter Form bringen das Expertenwissen von Springer-Fachautoren kompakt zur Darstellung. Sie sind besonders für die Nutzung als eBook auf Tablet-PCs, eBook-Readern und Smartphones geeignet. *essentials:* Wissensbausteine aus den Wirtschafts-, Sozial- und Geisteswissenschaften, aus Technik und Naturwissenschaften sowie aus Medizin, Psychologie und Gesundheitsberufen. Von renommierten Autoren aller Springer-Verlagsmarken.

Weitere Bände in dieser Reihe http://www.springer.com/series/13088

Sandra Müller · Xueli Yuan

Führungskräfteentwicklung made in China

Konkrete Fallbeispiele aus der Praxis

Dr. Sandra Müller
München, Deutschland

Xueli Yuan
München, Deutschland

ISSN 2197-6708 ISSN 2197-6716 (electronic)
essentials
ISBN 978-3-658-15946-7 ISBN 978-3-658-15947-4 (eBook)
DOI 10.1007/978-3-658-15947-4

Die Deutsche Nationalbibliothek verzeichnet diese Publikation in der Deutschen Nationalbibliografie; detaillierte bibliografische Daten sind im Internet über http://dnb.d-nb.de abrufbar.

Springer Gabler

Gedruckt auf säurefreiem und chlorfrei gebleichtem Papier

Springer Gabler ist Teil von Springer Nature
Die eingetragene Gesellschaft ist Springer Fachmedien Wiesbaden GmbH
Die Anschrift der Gesellschaft ist: Abraham-Lincoln-Str. 46, 65189 Wiesbaden, Germany

Was Sie in diesem *essential* finden können

- Einen Einblick in die Arbeitswelt des Wirtschaftspartners China
- Praxistipps von erfahrenen Autoren
- Viele Beispiele unterschiedlicher Berufsgruppen und Branchen

Vorwort

Einen Baum kann man in zehn Jahren aufziehen, einen Menschen heranzubilden kostet hundert Jahre

十年树木，百年树人。
Chinesisches Sprichwort

Unser Beitrag bietet einen Blick auf die Rolle und Aufgaben von Führungskräften in China und die Entwicklungsprogramme für Nachwuchsmanager. Um die aktuelle Situation in China angemessen abzubilden, betrachten wir auch das Vorgehen in Privatunternehmen. Der Schwerpunkt unserer Ausführungen liegt jedoch auf den chinesischen Staatsbetrieben und staatlichen Behörden. Wir besprechen Beispiele unterschiedlicher Berufsgruppen aus der Fertigung wie der Verwaltung. Um unsere Argumente für den Leser gut verständlich zu gestalten, nutzen wir an ausgewählten Stellen den Vergleich mit Deutschland.

Bei der Auswahl der gewählten Führungsmodelle bevorzugen wir die in China üblichen Begriffe, wie z. B. die „partizipative Führung“ oder die „fürsorgliche Führung“. Geläufigere Unterscheidungen wie transaktionale oder transformative Führung werden zur Verdeutlichung unserer Argumente ebenfalls aufgegriffen.

Die vorgestellten Fallstudien und die Kenntnisse über das chinesische Beziehungsgeflecht am Arbeitsplatz haben wir im Rahmen unserer langjährigen beruflichen Praxis gesammelt. Als Unternehmensberater und Trainer unterstützten wir deutsche Unternehmen, die in China aktiv sind – oder chinesische Unternehmen, die in Deutschland aktiv sind.

Die chinesische Gesellschaft verändert sich. Immer größere Teile der Bevölkerung haben Zugang zu Ausbildung und Studium. So wächst in China eine neue Mitarbeitergeneration heran, die auch über die Arbeitsweise in anderen Ländern informiert ist und in einigen Aspekten diesen Vorbildern nacheifert. Die chinesischen Führungskräfte stehen vor der Herausforderung, deutlich selbstbewusstere Mitarbeiter als jemals zuvor anzuleiten. Falsch wäre es jedoch, diesem neuen Mitarbeitertyp ein westliches Verhalten zu unterstellen, weshalb wir die zusammengestellten Inhalte mittel- wie langfristig als ideale Grundlage für die gelungene Kooperation mit chinesischen Partnern sehen.

Unser Erfahrungsbericht ist als Orientierungshilfe gedacht. Das Buch bietet zahlreiche Anregungen für Praktiker im Umgang mit chinesischen Partnern. Es kann auch als Grundlage für die weitere Lektüre dienen. Der Praxisbericht erhebt in seiner Kürze nicht den Anspruch, die Vielschichtigkeit der chinesischen Arbeitsweise vollständig darzustellen. Wir möchten mit den angebotenen Informationen und Einschätzungen einen Beitrag zur besseren Zusammenarbeit zwischen chinesischen und deutschen Unternehmen leisten.

Wir freuen uns, wenn unser Motto „Einen Baum kann man in zehn Jahren aufziehen, einen Menschen heranzubilden kostet hundert Jahre“ auch Sie künftig bei der erfolgreichen Führungskräfteentwicklung sowie in Kooperationen mit chinesischen Partnern begleitet.

München, Deutschland
im Sommer 2016

Sandra Müller
Xueli Yuan

Inhaltsverzeichnis

Anforderungen an Führungskräfte in China

1

1.1 Führung in Deutschland

Wir möchten diesen Abschnitt mit einer Zusammenfassung der deutschen Sichtweise auf Führung einleiten. Die Darstellung ist bewusst vereinfacht. Sie dient uns als Ausgangspunkt für die weitere Argumentation.

- Moderne deutsche Führungssysteme übertragen qualifizierten Mitarbeitern ein großes Entscheidungsvolumen im Tagesgeschäft. Arbeitgeber betonen den Wert intrinsisch motivierter Arbeitskräfte als Wettbewerbsfaktor. Der hierarchische Führungsstil gilt als überholt, d. h. Mitarbeiter und Führungskräfte diskutieren heute in vielen Unternehmen immer mehr Sachfragen auf Augenhöhe. Das gedankliche Prinzip des Austauschs gleich wichtiger Güter organisiert die Zusammenarbeit. Verkürzt dargestellt bedeutet dies, dass die Mitarbeiter ihre Arbeitskraft und ihr Know-how in der Transaktion gegen angemessene Vergütung oder andere monetäre oder ideelle Anreizsysteme zur Verfügung stellen.
- Die Rolle der Führungskraft hat sich verändert, denn die Eigenverantwortung der Mitarbeiter wächst. Im Mittelpunkt der Führungsaufgabe steht immer weniger die fachliche und disziplinarische Anleitung einzelner. Wo früher die Führungskraft den Tagesablauf einteilte, Beginn und Ende von Tätigkeiten festlegte oder Zeiterfassungssysteme zur Kontrolle der Mitarbeiteranwesenheit eine große Rolle spielten, wird heute in vielen Unternehmen den Arbeitskräften mit wachsendem Vertrauen in deren Kompetenzen, Selbststeuerungsvermögen und Integrität begegnet. Die Steuerung der Mitarbeiter durch gemeinsam vereinbarte Zielvereinbarungen ist eine Selbstverständlichkeit. Selbst die ständige Anwesenheit der Mitarbeiter im Büro ist heute nicht mehr

S. Müller und X. Yuan, *Führungskräfteentwicklung made in China*,
essentials, DOI 10.1007/978-3-658-15947-4_1

die Voraussetzung für eine erfolgreiche Zusammenarbeit. Flexible Arbeitszeitmodelle und vor allem die virtuelle Aufgabenerledigung im Homeoffice werden immer beliebter bei den Arbeitnehmern.

- In qualifizierten Berufsfeldern gibt die Führungskraft den Mitarbeitern bei Fachfragen immer seltener unveränderliche Ausgangsposition vor. Die ideale Führungskraft moderner Lesart berät und unterstützt die Mitarbeiter bei der Einschätzung und Erfüllung der Arbeitsaufgabe im Sinne eines Coaches: Gemeinsame inhaltliche Reflexionen ersetzen zunehmend den „Dienst nach Vorschrift". Häufig arbeiten Führungskräfte gemeinsam mit ihren Teams an Lösungen und Methoden für strategische wie operative Fragestellungen. Das steigert die Akzeptanz bei den Mitarbeitern und deren Fachexpertise steht dem Unternehmen unkompliziert zur Verfügung. Dazu gehört es auch, alle Meinungen gleichberechtigt, aber auch kritisch zu diskutieren. Ziel ist in deutschen Unternehmen, eine Konsensentscheidung zu erreichen. Diese Abstimmungen sind eine zeitintensive Herausforderung für die Führungsmannschaft, wie chinesischen Beobachtern häufig auffällt.
- Innovative europäische Forschungsansätze gehen noch weiter: Sie fordern – unabhängig von der Branche – Unternehmenskulturen, die sich an der Leitlinie der positiven Psychologie orientieren. Werteorientierte Konzepte wie diese bringen die Leistungsfähigkeit der Mitarbeiter mit Glücksgefühlen am Arbeitsplatz in kausalen Zusammenhang. Begriffe wie „enge Führung" oder „Autorität" sind negativ konnotiert, denn ausgeprägte Selbstführung in einer Unternehmenskultur, die auf Gleichberechtigung aller Akteure setzt, sind die Grundlagen dieser Denkschule. Studien zeigen, dass diese Merkmale bei der Generation Y und Z, also den Arbeitnehmerjahrgängen, die ab den 80iger Jahren geboren wurden, gut angenommen werden. Bei dieser Gruppe gelten Arbeitgeber mit traditionellen – also eher hierarchischen – Unternehmenskulturen als unattraktiv. Als wichtigsten Faktor für Arbeitszufriedenheit nennt diese Arbeitnehmergeneration neben flexibler Zeiteinteilung ein unkompliziertes, möglichst direktes Verhältnis zum Management. Um in Zeiten von Fachkräftemangel attraktiv zu bleiben, passen sich viele Unternehmen diesen Erwartungen von Absolventen mit Mangelberufen wie Ingenieuren oder IT-Spezialisten schrittweise an. Deutsche Führungskräfte stehen folglich vor der Herausforderung eines Wertewandels. Hinzu kommt, dass die moderne Technik die Möglichkeit bietet, über weitere Distanzen zusammen zu arbeiten. Auch dies sorgt für eine Veränderung der Zusammenarbeitsmodelle und somit für eine durch diese Veränderung nötige Weiterentwicklung in der Führungskultur der deutschen Unternehmen.

1.2 Prinzip der fürsorglichen Führung in China

Die Anforderungen an chinesische Führungskräfte unterscheiden sich vom oben beschriebenen deutschen Rollenverständnis. Für die weiteren Darstellungen nutzen wir den in China bevorzugt verwendeten Begriff der „fürsorglichen Führung“. Wir möchten besonders auf zwei Aspekte eingehen:

- Chinesen bevorzugen Klarheit in der Führungssituation: Zwischen den Mitarbeitern und der Führungskraft gibt es eine deutlich erkennbare Rollenverteilung mit ausgeprägter Unter- und Überordnung. Beide Seiten leiten jedoch Rechte und Pflichten aus diesem Verhältnis ab. Man möchte bei allen wichtigen Schritten die Meinung oder die Zustimmung der Führungskraft einholen. Das Entscheidungsvolumen auch von ausgewiesenen Experten ist deshalb gering. Man erhebt in China aber auch die Anforderung, dass Führungskräfte jeden fachlichen Schritt ihrer Mitarbeiter im Detail beurteilen und durch ihre größere Erfahrung ideal anleiten. Die chinesische Führungskraft ist nicht der neutrale Prozessmanager der Abteilung nach deutschem Vorbild, sondern im Idealfall auch der beste fachliche Experte der Abteilung. Sie oder er ist die höchste Instanz für die Lösung aller Sachfragen im Team. Ist bei der Führungskraft die Fachkompetenz gegeben, wird sie dafür vom Team bewundert. Es ist üblich, dass Chefs im gewerblichen Bereich wie in qualifizierten Büroberufen ihren Mitarbeitern die Aufgabe demonstrieren und für einige Übungsdurchläufe oder Arbeitsschritte anwesend bleiben.
- Durch das oben beschriebene Rollenverständnis ergibt sich für den Mitarbeiter wenig Möglichkeit für Gespräche auf Augenhöhe mit der Führungskraft. Kritische Reflexionen der Anweisungen in westlicher Art sind nicht Teil dieses sozialen Systems. Die Führungskraft bestimmt zudem Anfang und Ende der Aufgabenerfüllung. Das ist allerdings nicht mit „sprachloser“ Ausführung von Befehlen zu verwechseln. Eine respektierte, angesehene Führungskraft in China wird immer den Kontakt zur Basis suchen und kontinuierlich halten. Die Etikette verlangt es jedoch, dass die Führungskraft den Mitarbeiter auffordert, eine Einschätzung zur Aufgabe und den Lösungsansätzen vorzubringen. Der Austausch zwischen Führungskraft und dem Team ist intensiv, denn auch in China wirbt das Management für das präzise Einhalten von Arbeitsweisen oder Qualitätsstandards oder braucht Feedback zum Gelingen von Aufgaben. Chinesen beschreiben das Arbeitsmodell aufgrund dieser Arbeitspraxis sogar häufig als partizipativ, weil für optimale Ergebnisse viele Informationen in beide Richtungen fließen. Im Vergleich zu Deutschland wird

diese Rückkopplung jedoch von der Führungskraft stärker gesteuert. Der Chef bestimmt den Zeitpunkt, den Inhalt und den Umfang dieses Austauschs. Im Fallbeispiel 1 steht dieser Aspekt im Mittelpunkt.

- Die starke Verknüpfung gegenseitiger Verantwortlichkeiten zwischen Führungskräften und Mitarbeitern ist typisch für die chinesische Kultur. Die Führungskraft übernimmt die Rolle einer Vaterfigur, die Fürsorge leistet und dafür von den Mitarbeitern mit persönlicher Loyalität belohnt wird. Diese Sichtweise leitet sich aus der philosophischen Schule des Konfuzianismus ab, die noch heute einen entscheidenden Einfluss auf China ausübt. Aus westlicher Sicht wird für die Beschreibung des Arbeitsmodells der Begriff der transformationalen Führung genutzt, den wir ebenfalls erwähnen möchten. In China findet der Ausdruck aktuell noch keine Verwendung.
- Wichtig für das gute Verständnis der chinesischen Arbeits- und Alltagskultur ist es zu verstehen, dass die Prioritäten am Arbeitsplatz anders gesetzt werden. In Deutschland sind Zuständigkeiten und Faktenwissen im Zweifel wichtiger als das soziale Einvernehmen und die Gruppenharmonie. Diese zwischenmenschlichen Aspekte sind in China im Arbeitsalltag von größter Bedeutung und so sind die Arbeitsabläufe nicht nur nach sachlichen Kriterien organisiert. Die chinesischen Entscheidungswege wirken auf uns deshalb manchmal umständlich. Es kommt hinzu, dass eine Führungskraft in China vor allem die Verantwortung für die moralische bzw. persönliche Entwicklung der Mitarbeiter übernimmt. Der Chef dient als Vorbild für die Mitarbeiter, da soziales Lernen eine große Rolle für die Gruppendynamik spielt. Die gelungene fachliche Anleitung der Experten ist für chinesische Führungskräfte ebenfalls wichtig. Wie das organisiert wird, stellen wir im Fallbeispiel 2 vor.

Fallbeispiel 1: Herr Li stellt im Team einen neuen Arbeitsschritt vor

Herr Li leitet ein Team in der Fertigung eines Automobilherstellers. Er möchte einen neuen Arbeitsschritt in der Qualitätskontrolle der Komponenten in seinem Team einführen. Dazu ruft er seine Mitarbeiter in der Werkshalle zusammen. Er bereitet sich umfassend vor: er denkt intensiv über die nötigen Erklärungen nach und bringt für jeden Mitarbeiter eine schriftliche Zusammenfassung mit Abbildungen mit. Ein Plakat mit Erläuterungen des Arbeitsschritts wird aufgehängt. Er baut präventiv die Antworten auf alle vorstellbaren Fragen in seinen Vortrag ein. Damit möchte er seine Mitarbeiter entlasten. Herr Li nimmt ein Bauteil mit, um den Arbeitsschritt in allen Aspekten auch praktisch zu demonstrieren. Nach seinem kurzen Vortrag wartet er auf die Reaktion des Teams. Er plant genug Zeit ein, damit alle in der Gruppe

Fragen stellen können. Tatsächlich gibt es noch offene Punkte. Herr Li ist an dieser Stelle ärgerlich auf sich: er hätte sich noch besser vorbereiten sollen! Dann müssten die Mitarbeiter jetzt nicht fragen und man könnte schneller zum Praxisteil übergehen. Natürlich antwortet er mit viel Geduld im Detail. Dann übt die Gruppe gemeinsam den Arbeitsschritt. Hierfür hat Herr Li das größte Zeitkontingent eingeplant. Mehrfach führen alle Kollegen die Aufgabe aus. Sie stellen auch in der praktischen Phase weiterhin Fragen, die Herr Li freundlich und kompetent beantwortet. Herr Li gibt den Mitarbeitern immer wieder hochwertige Hilfestellungen, sodass nach einiger Zeit alles perfekt klappt. Die Gruppe bedankt sich bei Herrn Li für die kompetente Unterweisung und setzt gut gelaunt die Arbeit fort. Die Gruppe ist stolz auf ihren Chef, weil er sie als Person und Experte so gut anleiten kann.

Einschätzung zum Fallbeispiel 1

- Herr Li ist ein viel beschäftigter Manager im Unternehmen und ständig unter Zeitdruck. Allerdings fühlt er sich für die Qualifizierungsmaßnahme persönlich verantwortlich. Sie ist für ihn „Chefsache" und kann nicht durch seinen Stellvertreter erledigt werden. Die Betreuung der Mitarbeiter trägt auch positiv zu seiner Reputation bei. Herr Li bereitet sich sorgfältig auf die Unterweisung vor. Seine Mitarbeiter erwarten von ihm, dass er den neuen Arbeitsschritt in Theorie (durch verständliche Erklärungen) und Praxis (durch eine Demonstration und die Anleitung der Gruppe beim Ausprobieren des Arbeitsschrittes) lückenlos vorstellen kann. Das Team wird seine Kompetenz daran messen, wie gut er in beiden Aspekten das eigene Know-how zum neuen Arbeitsschritt auf die einzelnen Kollegen übertragen kann. Die Mitarbeiter ordnen sich der fachlichen und persönlichen Kompetenz von Herrn Li unter. Sie zeigen dies durch konzentriertes Zuhören beim Vortrag und engagiertes Üben des Arbeitsschrittes.
- Es ist nicht nur der persönliche Ehrgeiz von Herrn Li, sich auf mögliche Fragen einzustellen und diese in seinem Vortrag vorweg zu nehmen. Aus Sicht der Mitarbeiter ist dies ein sogar nötiger Kompetenzbeweis. Dieser Service zeichnet in China einen guten Lehrer aus, der seine Schüler mit viel Verantwortungsgefühl bei der Bewältigung neuer Aufgaben unterstützt. Eine Rolle, die die Führungskraft in Momenten der Anleitung und Qualifizierung möglichst gut erfüllen sollte. Aus deutscher Sicht sind die chinesischen Mitarbeiter im Beispiel jeder Selbstständigkeit beraubt. Das Bild von „Schüler-Lehrer" erscheint uns bei Mitarbeitern im Erwachsenenalter in diesem Kontext sogar unpassend. In China ist die Wahrnehmung umgekehrt: auch erfahrene Mitarbeiter fühlen sich ohne Unterstützung mit einer neuen Aufgabe schnell alleine gelassen. Man meistert solche Herausforderung gemeinsam.

- Auch in China signalisieren die Mitarbeiter durch ihre Fragen Interesse am Arbeitsschritt, sodass Herr Li keinen Imageverlust erleidet. Typisch ist es, Herrn Li aus Respekt nicht zu unterbrechen. Man wartet in Ruhe ab, bis man seine Frage stellen kann. Die Reihenfolge der Fragenden regelt sich meist wortlos durch die Gruppendynamik im Team. Herrn Lis Geduld beim Beantworten der detaillierten Fragen und die guten Instruktionen während der Praxisphase sprechen aus chinesischer Sicht sehr für die Führungskompetenzen von Herrn Li. Er akzeptiert mit „väterlicher" Ruhe die Nervosität des Teams und gibt klare Anweisungen. Die Mitarbeiter erwarten eine kompetente Anleitung in allen Phasen der Aufgabe, um diese dann selbst fehlerfrei erfüllen zu können. Auch in der praktischen Phase wird die Unterstützung seitens der Führungskraft erwartet, besonders bei den ersten eigenen Versuchen der Mitarbeiter. Die Anwesenheit von Herrn Li während der gesamten Aufgabenerklärung und -übung entspricht den Konventionen. Sie wird vom Team positiv bewertet. Kritik der Mitarbeiter an der Sinnhaftigkeit des Arbeitsschritts, der Art der Unterweisung oder der Zusammenarbeit im Team hat an dieser Stelle aus chinesischer Sicht keinen Platz.

Zusammenfassung

Planung und Umsetzung von Qualifizierungsmaßnahmen in China unterscheiden sich von unseren Gewohnheiten. Mitarbeiter erwarten auch in qualifizierten Berufen, dass sie von der direkten Führungskraft in allen Aspekten intensiv angeleitet werden. Als Chef übernimmt man in China die Rolle eines Lehrers, der die Aufgabe in allen Details theoretisch wie praktisch beurteilen und erklären kann. Bietet die Führungskraft diese Kompetenzen nicht an, verliert sie in der Arbeitsgruppe an Respekt. Vom Mitarbeiter erwartet man respektvolle Konzentration und später Fragen zur operativen Umsetzung der Aufgabe. So drückt man Motivation aus. Eine strategische Diskussion über die Sinnhaftigkeit kommt hier nicht infrage.

2 Erwartungen an die Mitarbeiter in China

Um die Anforderungen an Führungskräfte einordnen zu können, stellen wir Ihnen auch die Erwartungen an Mitarbeiter vor. Unser Fokus liegt ebenfalls im Bereich der Qualifizierung. Das Fallbeispiel 2 skizziert eine Situation aus dem Arbeitsalltag. Die Einschätzung im Anschluss liefert Ihnen Vorschläge, um die Szene einzuordnen.

Fallbeispiel 2: Herr Li vermutet Potenzial bei einem Mitarbeiter

Herr Li aus dem Fallbeispiel 1 hat sich während der Unterweisung besonders über die Reaktion eines jungen Mannes, Herrn Zhang, in der Gruppe gefreut. Er hat während des Vortrages aufmerksam zugehört, die Zusammenfassung sorgfältig gelesen und alle Anweisungen von Herrn Li ohne Probleme umgesetzt. Sofort hat er mit großem Geschick einige Übungsdurchläufe an dem Bauteil ausgeführt und schon bei der zweiten Wiederholung fehlerfrei gearbeitet. Trotzdem hat er die Übung noch zwei weitere Durchläufe mitgemacht und – weil er schneller war als die anderen – auch seine Kollegen mit Ratschlägen oder Hilfestellungen unterstützt. Dabei wirkte er in jedem Moment konzentriert, ohne jede Spur von Nervosität oder Zerstreutheit. Herr Li weiß, dass Herr Zhang in der Gruppe wegen seines umsichtigen und kollegialen Verhaltens hoch akzeptiert ist. Er arbeitet fleißig und fachkundig, ohne schwächere Kollegen zu benachteiligen. Aus seinen Gesprächen mit Herrn Zhang kannte Herr Li die motivierte Arbeitseinstellung von Herrn Zhang. Auch das Familienleben von Herrn Zhang verlief aus der Sicht von Herrn Li harmonisch, denn Herr Li nahm erst kürzlich bei der Hochzeit von Herrn Zhang als Trauzeuge teil. Das Paar hatte sich durch eine Unternehmensinitiative für heiratswillige Singles kennen gelernt. Bei der Hochzeit hatte Herr Li die Eltern und die junge Ehefrau von Herrn Zhang getroffen und schätzen gelernt. Herr Li

S. Müller und X. Yuan, *Führungskräfteentwicklung made in China*, essentials, DOI 10.1007/978-3-658-15947-4_2

dachte: „Wenn er sich weiterhin persönlich und fachlich so gut bewährt, hat dieser junge Kollege eine vielversprechende Zukunft bei uns."

Einschätzung zum Fallbeispiel 2

- Herr Zhang zeigt sich als idealer Mitarbeiter: ruhiges Verhalten, maximale Aufmerksamkeit und großes Engagement beim Üben neuer Aufgaben schätzt man in China. Das Vermeiden von Fehlern ist wichtig, wenn auch kleine Pannen auf dem Weg zur perfekten Lösung im Rahmen des Lernprozesses akzeptiert werden. Der konkrete Einzelfall und dessen Lösung stehen dabei im Mittelpunkt. Übergeordnete Reflexionen, wie bei uns üblich, wie beispielsweise „Ist der Arbeitsschritt sinnvoll?" oder „Könnten wir den Arbeitsschritt auch anders planen?" haben in dieser Stelle keinen Platz.
- In China gilt die Auffassung „Übung macht den Meister", deshalb probt Herr Zhang den Arbeitsschritt auch noch, als er ihn schon annähernd perfekt beherrscht. Man möchte durch positive Erfahrungen den Lernschritt perfektionieren. Die wiederholt guten Ergebnisse haben eine zusätzlich motivierende Wirkung auf Herrn Zhang. Die Führungskraft, Herr Li, sieht das nicht als Ressourcenverschwendung, sondern als Zeichen von hohem Einsatz. Zudem zeigt Herr Zhang Führungspotenzial, wenn er seine Kollegen ohne großen Aufhebens bei der Übung unterstützt. Verweise des Mitarbeiters auf die eigenen Leistungen im Sinne von westlichem Selbstmarketing werden in China nicht belohnt. Auch die bei uns geforderte Selbstführung im Sinne von „ich kann den Arbeitsschritt schon, deshalb beende ich die Übung selbständig", ist in China nicht erwünscht.
- Die erfreulichen Leistungen von Herrn Zhang fallen auf. Sie werden nicht ignoriert oder als selbstverständlich vorausgesetzt. Herr Li wird Herrn Zhang über einen längeren Zeitraum in verschiedenen Situationen beobachten und in dieser Phase immer wieder Gespräche mit ihm führen. Es ist aus chinesischer Sicht ein normaler Schritt, dass die direkte Führungskraft sich auch um private Angelegenheiten der Mitarbeiter kümmert.
- Bei der Potenzialbeurteilung von Mitarbeitern nehmen sich Chinesen viel Zeit. Sie wünschen sich, die Persönlichkeiten als Ganzes zu erfassen und zu beurteilen. Dieser Prozess dauert mehrere Jahre. Im Zentrum der Einschätzung steht nicht nur die fachliche Expertise. Zusätzlich wird ein – aus unserer Sicht – ungewöhnlich breites Bild des Charakters junger Talente gezeichnet, bevor Karriereentscheidungen fallen. Die Eigenschaften der Mitarbeiter und ebenso ein moralischer Lebenswandel spielen eine große Rolle. Man betrachtet gerade die persönliche Lebensführung und die Mentalität als wichtigste Bausteine der Selbstführung der Mitarbeiter.

- Es gibt grundsätzliche Unterschiede zwischen der Lernkultur in China und Deutschland. In Deutschland vermittelt man früh im Lernprozess neben den konkreten Inhalten auch die übergeordnete Lernsystematik, d. h. wie man Wissen erwirbt und Informationen recherchiert (oder erfragt). Selbstständiges Lernen ist wichtig. In China ist Auswendiglernen bis heute der wichtigste Bestandteil im Lernprozess. Für die Lehrenden ist wichtig, das Wissen komplett ohne Lücken zu vermitteln. Für die Lernenden ist wichtig, das Wissen ungefiltert anzunehmen, wenn auch Verständnisfragen gestellt werden dürfen. In China ist der Lehrer Vorbild, das doziert und illustrative Beispiele liefert. In Deutschland ist man eher ein Lernpartner, der moderiert, den Stoff bündelt und auf Prinzipien reduziert. Wir setzen auf teilnehmerorientiertes Lernen und diskutieren kritisch alle Aspekte mit dem Lernenden. Die Ergebnisse sollen abstrakt auf weitere Probleme übertragen werden. In China sind die Lernenden passiver, fassen zusammen und stellen das Vorgetragene in keinem Punkt infrage. Man wiederholt und übt gemeinsam, um über Erfolge zu lernen. Gelungene Reproduktion ist in Theorie und Praxis ein wichtiger Aspekt.

Zusammenfassung

In den vorangegangenen Abschnitten haben wir uns zuerst mit der Rolle der Führungskräfte in Deutschland und China beschäftigt. Mit dem kurzen Vergleich möchten wir Sie beim Einordnen der weiteren Argumente unterstützen. Der Abschnitt endet mit dem Fallbeispiel 1 zum Aspekt „Qualifizierung". In der Einschätzung zum Praxisfall bieten wir Ihnen eine kultursensible Reflexion der Situation. Wichtig ist es, die direkte Führungskraft in China als Vaterfigur zu verstehen, die die Mitarbeiter fürsorglich umsorgen muss. Gelingt das gut, antworten die Mitarbeiter mit starker persönlicher Loyalität gegenüber diesem Manager. Um das Bild abzurunden, sind wir anschließend auf die Erwartungen an die Mitarbeiter in China eingegangen. Der Praxisfall 2 illustriert das ideale Verhalten von Mitarbeitern. In der sich anschließenden Einschätzung unterstützen wir Sie mit unseren Hinweisen zum guten Verständnis.

Aufgaben der Führungskräfte in China 3

In China endet die Führungsaufgabe nicht bei fachlichen oder disziplinarischen Aspekten der Arbeit, wie unter den Abschn. 1 und 2 bereits ausgeführt. Die Führungskraft in China ist enger mit den Mitarbeitern verbunden, denn auch das Privatleben der Belegschaft ist ein Gesprächsgegenstand zwischen Arbeitgeber und Arbeitnehmer.

Auch in Deutschland ist die Zeit von „Dienst ist Dienst – und Schnaps ist Schnaps" vorbei. Die klaren Grenzen von Berufs- und Privatleben verwischen aufgrund moderner Kommunikationstechnik immer mehr. Trotzdem ist in Deutschland eine merkliche Trennlinie zwischen beruflichen und privaten Beziehungen noch immer für alle Beteiligten wichtig. Dennoch schließt man es nicht aus, am Arbeitsplatz auch mit einzelnen Kollegen Freundschaften aufzubauen. Diese Personen möchten Deutsche sich allerdings „auswählen". Es liegt ein mehr oder weniger bewusster Entscheidungsprozess zugrunde, der gegenseitige Sympathie und Vertrauen bzw. empfundene Gemeinsamkeiten voraussetzt.

In China überträgt man der Führungskraft eine weiterreichende Verantwortung für die Mitarbeiter, als wir das kennen. Es ist in China keine Frage, dass die Manager gerne und aus eigenem Antrieb an wichtigen familiären Ereignissen teilnehmen – als Trauzeuge bei Hochzeiten und Ratgeber in schwierigen Lebenslagen. Im Konfliktfall fungieren sie häufig als Schiedsstelle zwischen den Familienmitgliedern. Das wird von den Mitarbeitern nicht als Einmischung empfunden, sondern als besonders wichtiger Teil der erweiterten Arbeitsbeziehung. Die chinesische Führungsethik leitet sich vom Konfuzianismus ab. Diese Philosophie beeinflusst China auf vielen Gebieten des öffentlichen und privaten Lebens. Nach Konfuzius sind menschlichen Beziehungen – mit Ausnahme der Freundschaft – hierarchische Über- und Unterordnungsverhältnisse, die ein klares Regelwerk gegenseitiger Fürsorge- und Treuepflichten beinhalten. Ehrerbietung

S. Müller und X. Yuan, *Führungskräfteentwicklung made in China*,
essentials, DOI 10.1007/978-3-658-15947-4_3

und Loyalität spielen eine wichtige Rolle. So entstehen vonseiten der Mitarbeiter und deren Familien Erwartungen an die Aufmerksamkeit und die Anteilnahme der Führungskräfte. Entspricht eine Führungskraft nicht diesem Idealbild, verliert diese in der Belegschaft schnell die Akzeptanz und die Motivation der Mitarbeiter sinkt. Geben und Nehmen sind ein Leitmotiv dieses Modells. Dies ist wichtig für den sozialen Zusammenhalt – und als Konsequenz auch für die Produktivität am Arbeitsplatz.

Fallbeispiel 3: Die Schwiegermutter

Eine chinesische Dame erscheint eines Morgens unangemeldet bei der Arbeitsstelle ihres chinesischen Schwiegersohnes Liang. Es handelt sich um ein deutsch-chinesisches Joint Venture in Beijing. Dort verlangt sie den Abteilungsleiter des Rechnungswesens zu sprechen und sitzt nun vor dem deutschen Chef des Schwiegersohns, Peter Schneider. Einen Termin hatte sie nicht vereinbart. Sie spricht etwas Englisch und erklärt dem deutschen Manager, dass er bitte ihren Schwiegersohn Liang ermahnen müsse. Dieser sei eine Schande für die Familie, weil er ihre Tochter geschlagen habe. Die Situation sei so schlimm, dass sie und ihre Tochter sich an Herrn Schneider wenden müssten. Er sei doch der Chef des Schwiegersohns, nicht wahr? Diese Frage wiederholt die Dame mehrfach. Herr Schneider ist verwirrt: er kann sich keinen Reim daraus machen, was die Dame will und was er mit dem häuslichen Drama zu tun habe.

Soweit Herr Schneider versteht, verhält sich Liang Wang schon seit einiger Zeit brutal gegenüber seiner Ehefrau. Herr Schneider ist betroffen und auch ein bisschen schockiert, denn diese Seite seines geschätzten Mitarbeiters ist ihm fremd. Er kennt ihn als kompetenten und besonnenen Controller. Im Grunde versteht er das Gespräch noch immer nicht: Was hat die familiäre Situation von Liang Wang mit ihm zu tun?

Er entnimmt der Haltung der Schwiegermutter, dass sie eine Intervention von ihm erwartet. Herr Schneider ist überrumpelt, fühlt sich von der Situation überfordert und verhält sich zurückhaltend. Es ist wohl klar, dass er nicht der geeignete Schiedsrichter für das Familiendrama sei, denkt er bei sich.

Als die Dame nach einer Stunde endlich bereit ist, sein Büro zu verlassen, scheint sie mit Herrn Schneiders Passivität unzufrieden. Dieses Gefühl hat er jedenfalls aufgrund der Atmosphäre, wenn er sich auch bis zum Schluss der Episode keinen Reim auf die konkreten Erwartungen der Schwiegermutter seines Mitarbeiters machen kann.

Einschätzung zum Fallbeispiel 3

- Die chinesische Dame erwartet von der Führungskraft ihres Schwiegersohnes eine Reaktion auf das private Problem. Diese Haltung ist in China üblich und wird von chinesischen Führungskräften geteilt. Zu diesem Anlass ohne Termin im Büro des Chefs zu erscheinen, ist nach chinesischem Verständnis aus Sicht beider Seiten durch die Dringlichkeit der Situation gerechtfertigt. In der personenorientierten Kultur Chinas haben menschliche Anliegen normalerweise Vorrang vor anderen Terminen.
- In der sachorientierten Arbeitskultur in Deutschland schätzen wir bereits geplante Termine als tendenziell wichtiger ein als spontane Besucher mit Anliegen, deren Dringlichkeit wir gerne erst einmal selbst prüfen möchten. Dazu kommt, dass sich die Aufgaben der deutschen Führungskraft auf funktionsbedingte Aspekte konzentrieren, wie das Schnüren der Arbeitspakete und das Prüfen der Zielerreichung.
- Die Erwartungen an chinesische Chefs sind umfassender. In China übernimmt eine Führungskraft *vorwiegend* die moralische Verantwortung für die Mitarbeiter. Die ideale Führungskraft agiert wie eine Vaterfigur und unterstützt die Mitarbeiter beispielsweise mit einem Firmenprogramm in Form eines Fonds (ein beliebtes System zur Vergabe zinsgünstiger Unternehmenskredite, nachdem Arbeitgeber und Arbeitnehmer jahrelange Einzahlungen geleistet haben) auch beim Erwerb einer Eigentumswohnung oder – wie im Praxisfall 3 – bei Streitigkeiten in der Familie. Dies wird nicht als Einmischung oder Kontrolle verstanden, sondern vielmehr als Fürsorge in Bezug auf die ethische, persönliche und fachliche Entwicklung.
- In der Praxis bedeutet dies, dass Chinesen von Peter Schneider eine Reaktion auf die häuslichen Streitigkeiten erwarten. Gewalt gegen die Ehefrau gilt selbstverständlich auch in China als verwerflich. Aus chinesischer Sicht sollte Peter Schneider zumindest umgehend ein Gespräch mit seinem Mitarbeiter Liang führen, um dessen Darstellung zum familiären Konflikt zu hören. Je nach Ergebnis werden weitere Schritte vom Vorgesetzten erwartet. Die ideale Führungskraft begleitet die Familie in Form von Moderation bis zur Konfliktlösung. Die Irritation der Dame über die Passivität von Peter Schneider wird vor dem Hintergrund dieser Tradition nachvollziehbar. Nur so ist erklärbar, dass sie ihre Unzufriedenheit merklich zum Ausdruck bringt: Die Dame ist zutiefst enttäuscht. Sie lässt Peter Schneider spüren, dass sie den Respekt vor ihm verloren hat. Ein Signal, das dieser allerdings ohne Kontextwissen zu den chinesischen Beziehungsgeflechten nicht korrekt einschätzen kann. Er spürt bei der Verabschiedung nur deutlich, dass die Stimmung „schief hängt". Herr

Schneider weiß sich dazu aber keinen Rat und verwirft diesen Eindruck im Laufe des Tages, ohne dem Thema weiter nachgegangen zu sein. Ein klarer Fehler.

- Man kann davon ausgehen, dass sich der Inhalt des Gespräches in der Belegschaft herumsprechen wird. Chinesen sind sehr gut miteinander vernetzt. Hinzu kommt: Diskretion ist in der beschriebenen Situation für Chinesen kein Anliegen. Es wird zu einem Imageverlust von Peter Schneider bei der Belegschaft kommen. Peter Schneider sollte sich über diese Erwartungen an chinesische Führungskräfte informieren. Natürlich bleibt ihm die Entscheidung überlassen, ob und wie intensiv er sich an die chinesische Führungstradition anpassen möchte. Wir finden es allerdings sehr wichtig, dass ihm die mögliche Wirkung seiner Schritte auf die Mitarbeiter seines Verantwortungsbereichs – und dank der schnellen Verbreitung spannender Tagesnachrichten in chinesischen Unternehmen – auch die Mitarbeiter anderer Abteilungen – im Klaren ist.

Zusammenfassung

In China tauscht man mit Kollegen und Führungskräften mehr Informationen über die private Situation aus. Auf deutsche Beobachter wirkt diese Transparenz häufig wie lückenlose Kontrolle. Aus chinesischer Sicht ist die für uns selbstverständliche Trennung der verschiedenen Lebensbereiche künstlich, unnatürlich und behindert eher ein gutes Arbeitsklima. Wie das Fallbeispiel 3 und die Einschätzung zeigen, werden an das Verhalten der Mitarbeiter sittlich-moralische Maßstäbe angelegt. Es gehört in China zu den Aufgaben des Chefs, den Mitarbeiter bei Verfehlungen auf den „richtigen Weg" zurückzuführen.

Chinesische Führungskräfte sind aufgrund ihrer Stellung im Unternehmen einer noch strengeren Beurteilung unterworfen, was die private Lebensführung anbelangt: Vonseiten der übrigen Führungskräfte und ebenfalls durch die Belegschaft. Nur das einwandfreie moralische Auftreten ist Legitimation für die herausgehobene Position. Dazu gehört auch, in wichtigen Momenten im Leben der Mitarbeiter eine aktive Rolle zu spielen, wie das Fallbeispiel 4 zeigt:

Fallbeispiel 4: Die Hochzeit

Michael Burger leitet seit einem halben Jahr ein technisches Team in einem Joint Venture in Shenyang, das Bauteile für die Automobilindustrie herstellt. Zu Beginn der Woche erlebt Michael Burger eine Überraschung: Herr Sun, ein junger Ingenieur aus seiner Arbeitsgruppe, lädt ihn mit vielen freundlichen

Worten zu seiner in einigen Monaten bevorstehenden Hochzeit ein. Er betont mehrfach, wie sehr sich seine Eltern, die Brauteltern und natürlich auch seine Braut über seine Teilnahme freuen würden. Schließlich habe man sich im Unternehmen bei einer Veranstaltung für heiratswillige junge Menschen kennen und schätzen gelernt. Herr Burger, komplett verwundert, traut zuerst seinen Ohren nicht. Ein „Ball der einsamen Herzen" hier im Unternehmen? Davon hatte er bislang noch nichts gehört.

Vorsichtshalber bittet er Herrn Sun um die Wiederholung der Einladung. Herr Sun bestätigt mit großer Freude noch mal seinen Wunsch. Michael Burger ist zwar etwas überfahren, nimmt die Einladung aber an: er und seine Frau würden mit Freude dabei sein, antwortet er Herrn Sun. Dieser geht offensichtlich zufrieden an seinen Arbeitsplatz zurück. Die Hochzeitsfeier findet in einem noblen 5-Sterne-Hotel statt. Wie in China aktuell üblich, wird die Feier von einem Hochzeitsunternehmen ausgerichtet. Auf dem Programm steht eine aufwendige Aneinanderreihung verschiedener Programmpunkte. Als Herr und Frau Burger ankommen, geben sie ihr liebevoll ausgewähltes Hochzeitsgeschenk beim jungen Paar ab. Dann werden sie zur eigenen Überraschung an der Tafel zu einem Ehrenplatz direkt links neben dem Brautpaar geführt, während auf der rechten Seite die Brauteltern sitzen. Nachdem die Hochzeitsfotos in einer eindrucksvollen Lichtshow gezeigt wurden, bittet man Michael Burger nachdrücklich auf die Bühne. Herr Burger wäre jetzt dran, seine Rede zu halten, lässt der Hochzeitsplaner per Mikrofon verlauten. Keine Spur von chinesischer Zurückhaltung, schmunzelt Frau Burger.

Michael Burger war darauf nicht vorbereitet, lässt sich aber nichts anmerken. Er ist ein geübter Redner, der auch in dieser Situation die Nerven nicht verliert. Fünfzehn Minuten spricht er über die Vorzüge von Herrn Sun und wünscht ihm und seiner Familie Glück und Wohlstand. Als Herr Burger die Bühne verlässt, begleitet ihn ein langer Applaus. Das Ehepaar Burger spürt, dass es bis hierher intuitiv „alles richtig" gemacht hat. Sie achten darauf, alle Speisen zu loben und verzichten auf viel Alkohol. Allerdings verstehen sie die Zusammenhänge nicht und wären froh, wenn sie sich vorher über die Erwartungen an den Chef bei einer Hochzeit informiert hätten.

Einschätzung zum Fallbeispiel 4

- Disziplinarische Führungskräfte sind in China ein fester Bestandteil jeder Gästeliste einer Hochzeitsgesellschaft. Die Mitarbeiter werden, sobald es einen entsprechenden Termin für die Feierlichkeiten gibt, die direkte Führungskraft darüber informieren und selbstverständlich einladen. Dies erfolgt meist schon ein Jahr vor dem Termin, um keine Schwierigkeiten bei der Planung zu erleben. Kein Chef möchte diesen Termin versäumen, es sei denn, er ist ernsthaft erkrankt. Jede andere Verpflichtung gilt als nachrangig. Die Hochzeit eines Mitarbeiters ist fast so wichtig wie die der eigenen Kinder. Die Sitzordnung links neben dem Brautpaar ist dabei ein unübersehbares Symbol: sie ist ein Hinweis auf die wichtige Rolle der Führungskraft für das weitere Leben des Mitarbeiters – sogar der ganzen Familie. Der Chef steht „auf gleicher Höhe" wie die Eltern (diese sitzen zur rechten Seite des Brautpaars). So kommt zum Ausdruck, dass man den neuen Lebensabschnitt der Jungvermählten „von beiden Seiten" mit großer Fürsorge begleitet.

- Herr und Frau Burger haben sich ohne Kontextwissen korrekt entschieden: Sie nehmen an der Feierlichkeit teil und tragen dabei – wie bei uns ebenfalls üblich – festliche Kleidung. Allerdings haben sie lange über das passende Geschenk nachgedacht. Obwohl Geschenke in der chinesischen Tradition eine große Rolle spielen, haben sie an dieser Stelle eher unnötig Energie eingesetzt. Besondere Bedeutung hat einzig die Rede von Michael Burger vor der Hochzeitsgesellschaft, weniger die Geschicklichkeit bei der Auswahl des Präsents.
- Es ist in chinesischen Unternehmen üblich, bei der Eheanbahnung zu unterstützen. In der Praxis werden Veranstaltungen abgehalten, zu denen aus mehreren Unternehmen junge Singles eingeladen werden. Das Unternehmen sorgt für einen angenehmen Rahmen, damit man sich ohne Verpflichtung beobachten und – bei Wunsch – auch näher kennenlernen kann. Die Bemerkung von Herrn Sun ist also als Lob für das Unternehmen gemeint und sollte Herrn Burger nicht verwundern. Ideal wäre gewesen, wenn er mit einem Kompliment an die Weitsicht von Herrn Sun zur Partnerwahl reagiert hätte.
- Herr Burger löst die Situation bei der Hochzeitsfeier geschickt, indem er ohne große Zeichen von Verunsicherung die Rede hält. Er spricht fünfzehn Minuten auf Englisch über die gute Zusammenarbeit mit Herrn Sun und bringt viele herzliche Glückwünsche zum Ausdruck. Umfang und Inhalt der Rede sind ideal. Herr Burger erfüllt alle Erwartungen und kehrt mit gesteigertem Ansehen an seinen Platz zurück. Weitere Überraschungen dieser Tragweite erwarten die Familie Burger an diesem Tag nicht mehr.
- Michael Burger war ohne Vorwissen erfolgreich: das hat sein Verhältnis mit Herrn Sun gestärkt und dessen Respekt vor ihm vertieft. Herr Sun wird allen Kollegen am Standort von der langen Anwesenheit der Familie Burger und der eindrucksvollen Rede des Vorgesetzten erzählen. Dabei wird Herr Sun alle Einzelheiten des Zusammenseins und die genauen Formulierungen der Rede

beschreiben. Herr Sun wird auch erwähnen, wie gut die Familie Burger sich benimmt: man habe bei Speisen und Getränken höflich zugegriffen, allerdings ohne zu übertreiben. Das Lob von Herrn Sun wird Michael Burger positive Beachtung in der chinesischen Belegschaft sichern.

Zusammenfassung

In China ist es wichtig, die automatisch mit der Funktion übernommene „Vaterrolle" als direkter Chef auszukleiden. Das ist unerlässlich, selbst wenn man nicht wesentlich älter als die Mitarbeiter ist bzw. im reduzierten Umfang gegenüber reiferen Kollegen im Team. Eine Idee, die für deutsche Führungskräfte häufig eine Überraschung darstellt und nicht immer zu erfolgreichem Verhalten führt. Besonders der Fall 4 illustriert, dass der direkte Chef aus chinesischer Sicht als Autoritätsperson ein Teil der Familie ist. Dies sollten Sie – unter dem Blickwinkel der kultursensiblen Einschätzung der Situation – beachten, wenn Sie in der Zusammenarbeit mit einem chinesischen Team erfolgreich sein möchten.

Um die eigene Reputation als kompetente Führungskraft zu erhalten, gehört auch der gelungene Umgang mit Konflikten am Arbeitsplatz zum Anforderungsprofil. Diese Punkte beschreiben wir im nächsten Abschnitt genauer.

4 Umgang mit Konflikten

Der Umgang mit Konflikten in der Abteilung ist auch für chinesische Führungskräfte eine Herausforderung. In China betrachtet man diese Aufgabe als „typische Chefsache". Organisationseinheiten oder Funktionen wie den Betriebsrat, die interne Sozialberatung oder eine Ombudsstelle gibt es nicht. Die Moderation oder Mediation der Konfliktsituation muss von der Führungskraft geleistet werden, sonst verliert diese an Ansehen bei den Streitparteien. Zu beachten ist dabei: Einschätzungen über Menschen sprechen sich in chinesischen Betrieben in Windeseile herum. Es ist also nicht nur in der eigenen Abteilung mit einem Imageverlust zu rechnen. Auch bei den anderen, unbeteiligten Mitarbeitern innerhalb und außerhalb der Abteilung wird das Thema besprochen und die Akzeptanz der Führungskraft infrage gestellt werden. Natürlich gelingt es nicht jeder Führungskraft gleich gut, einen Konflikt schnell zu erkennen, ein sinnvolles Gespräch zu führen und die Konfliktparteien durch einen Lösungsvorschlag zufrieden zu stellen.

Die Vorstellung, dass eine neutrale Instanz die ideale Unterstützung bei der Konfliktbewältigung bietet, ist jedoch für Chinesen fremd. Man erwartet die beste Lösung von der Führungskraft, weil diese alle Beteiligten, den Streitgegenstand und den Kontext gut kennt. Nur so ist die optimale Lösung zu finden. Besonnenheit und ausgewogene Entscheidungen gehören – insbesondere bei Konfliktfällen – ebenfalls zum Idealbild der Führungskraft, dem man in China nacheifert.

Fallbeispiel 5: Der Streit

Herr Huang leitet ein Team chinesischer Ingenieure in einem Staatsbetrieb in China.

Alle Mitarbeiter sind hoch qualifiziert und Herr Huang ist zufrieden mit den Arbeitsergebnissen. Allerdings gibt es zwei männliche Mitarbeiter (Herrn Zhou und Herrn Li), die aus der Sicht von Herrn Huang seit einigen Tagen

S. Müller und X. Yuan, *Führungskräfteentwicklung made in China*,
essentials, DOI 10.1007/978-3-658-15947-4_4

immer wieder miteinander Streit haben. Es herrscht Eifersucht zwischen den ehrgeizigen Experten, die beide bald im Unternehmen Karriere machen wollen. Herr Huang beobachtet die Situation noch einen Tag länger. Die beiden „jungen Wilden" sind nicht in der Lage, die Situation zu lösen. Die Stimmung im Team ist schlecht, wenn auch die älteren Kollegen bisher noch gute Miene machen. Am nächsten Montag bestellt er Herrn Zhou und Herrn Li zu sich ins Büro. Nach einer freundlichen Einleitung erklärt Herr Huang abstrakt, dass er das Fehlen an Respekt und Harmonie im Team nicht länger akzeptiert. Auf Details geht er nicht ein, trotzdem ist dies eine extrem direkte Aussage aus chinesischer Sicht. Er bittet beide Kollegen, die Schwierigkeiten der aktuellen Situation zu beschreiben, damit eine Lösung gefunden werden kann. Die jungen Mitarbeiter schämen sich dafür, wegen ihrer Rangelei vor ihrer Führungskraft gelandet zu sein. Trotzdem berichtet jeder seine Sicht der Lage.

Herr Huang hört sich beide Standpunkte aufmerksam an. Er verspricht, über eine Lösung sorgfältig nachzudenken, zeigt jedoch durch sein kühles Auftreten, dass ihm das Verhalten der beiden Männer nicht gefällt. Er will am nächsten Tag seine Entscheidung verkünden. Herr Huang hält Wort und verändert die Arbeitsprozesse im Team, denn aus fachlicher Sicht schließt er sich den Beschwerden beider Kollegen an.

So wird Herr Zhou entlastet (das hatte er sich gewünscht) und Herr Li kann sich auf neue Themen konzentrieren und diese alleine bearbeiten. Herr Zhou und Herr Li sind mit der Lösung zufrieden. Sie sind – wie das ganze Team – stolz darauf, einen kompetenten Chef zu haben: Er hat die Situation sofort verstanden und die Aufgaben schnell neu sortiert. Herr Huang ist zufrieden, eine Lösung für die ganze Abteilung gefunden zu haben. Die Harmonie ist wieder hergestellt und der Zwischenfall wird nicht mehr angesprochen. Die beiden Juniors zeigen sich wieder von ihrer besten Seite und sind offensichtlich schuldbewusst. Sie signalisieren Herrn Huang im weiteren Verlauf, dass sie gerne und gut zusammen arbeiten. Sie möchten nicht noch einmal einen Tadel von ihrem Chef hören.

Einschätzung zum Fallbeispiel 5

- In China wird ein Konflikt zwischen Kollegen nicht ohne Vermittlung beigelegt. Während man in Deutschland die Vorstellung teilt, dass kleinere Streitigkeiten selbstständig zwischen den Kollegen gelöst werden, hat man in China eine andere Erwartung. Dort wird in jedem Fall eine dritte Person eingeschaltet, um bei der Konfliktlösung zu unterstützen. So vermeidet man für alle Parteien einen Gesichtsverlust. Die ideale Besetzung für die Vermittlung ist der direkte Chef. Er wird von beiden Parteien als Vertrauensperson eingeschätzt und bringt zudem das nötige Kontextwissen mit, um den Konflikt fair und zur Zufriedenheit aller zu lösen.

- Alle Aspekte der Zusammenarbeit im Team werden von Herrn Huang als Aufgabe angenommen: er beobachtet und bewertet laufend das Arbeitsklima und die Ergebnisse. Wichtig ist dabei, dass auch bei hohem Arbeitsanfall eine harmonische Stimmung erhalten bleibt. Herr Huang reagiert kompetent auf die Rangelei der jungen Mitarbeiter, weil er zeitnah darauf aufmerksam wird und ohne Zögern eingreift. Aus chinesischer Sicht demonstriert er seine Führungsstärke, weil er der Situation nicht aus dem Weg geht und die Streitparteien gleichberechtigt in einem Gespräch einbezieht. Ältere Kollegen des Teams, sonst ebenfalls Impuls- und Ratschlaggeber für die Gruppe, greifen nicht ein. Sie möchten den Aktionsradius der Führungskraft nicht einschränken. Das wäre respektlos.
- Typisch für die chinesische Kultur ist es, dass die Intervention von Herrn Huang Schamgefühle bei den Mitarbeitern auslöst. Sie haben die wichtige Gruppenharmonie gestört, sind negativ aufgefallen und haben persönliche Interessen über das Image der Abteilung gestellt. Der Tadel des Chefs ist ein klarer Hinweis für seine Unzufriedenheit mit ihrem Verhalten. Dieses Feedback erfolgt jedoch nicht durch lange Erklärungen der Kritikpunkte oder Illustrationen mit Verhaltensbeispielen nach deutscher Art. Aus chinesischer Sicht ist es schon peinlich genug für die Mitarbeiter, wenn Herr Huang seine Unzufriedenheit überhaupt artikuliert. Diese Passage nimmt deshalb nur einen kurzen Zeitraum im Gespräch ein.
- Die Art der Gesprächsführung illustriert die Hierarchie zwischen den Mitarbeitern und der Führungskraft. Herr Huang wird explizit, weil er seinen Ärger ausdrücken will und bei seinen Mitarbeitern auch ausdrücken darf. Es gilt in China als unreif, starke Gefühle zu zeigen (dies wirft er den jungen Mitarbeitern vor). Dies vermeidet Herr Huang und bleibt ruhig. Trotzdem schien Herrn Huang der Moment für Deutlichkeit gegeben. Im Disput mit einem Kollegen auf Augenhöhe hätte er das anders gemacht: von ausschweifendem Lob begleitet hätte er, stark verklausuliert, durch gezieltes Weglassen von Bezügen auf die problematischen Aspekte, seine Kritik indirekt zum Ausdruck gebracht. Die andere Seite erschließt sich die unterschwellige Botschaft auf der Grundlage der fehlenden Gesprächsinhalte. So vermeidet man den gefürchteten Gesichtsverlust.
- Die Lösung von Herrn Huang zeigt, dass die beiden jungen Kollegen fachlich im Recht waren. Herr Huang erkennt das wortlos an, indem er die Aufgaben neu sortiert. Aus seiner Sicht ist das keine große Sache. Trotzdem ein Hinweis

auf sein Verständnis von Zusammenarbeit: er fühlt sich nicht unfehlbar und respektiert die Meinung seiner Mitarbeiter. Seine Autorität ist durch die Situation zu keinem Zeitpunkt infrage gestellt. Im Gespräch macht er den Kollegen allerdings klar, dass er ihr konkretes Verhalten nicht akzeptabel findet. Offener Streit im Team ist unter allen Umständen zu vermeiden. Er gilt als Mangel an Respekt und menschlicher Reife. Inhaltliche Anregungen müssen konstruktiv und im richtigen Moment vorgebracht werden. Diese Lektion müssen die jungen Männer in Zukunft beherzigen, wenn sie auf der Karriereleiter nach oben klettern möchten.

Zusammenfassung

Mit den vorgestellten fünf Fallbeispielen und deren Einschätzung haben wir die Erwartungen an Führungskräfte und Mitarbeiter im Arbeitsalltag skizziert. Wir sind dabei auf unterschiedliche Führungssysteme, Rollenerwartungen und Kommunikationsmuster eingegangen. Chinesische Führungskräfte beschränken ihre Aufgaben nicht nur auf die fachliche und disziplinarische Führung. Sie sind auch für die persönliche – inklusive moralische – Entwicklung der Mitarbeiter verantwortlich. Der Grund ist, dass der Konfuzianismus auch heute noch die chinesische Kultur prägt und ein intensives Treue- und Fürsorgeverhältnis vorschreibt. Die Unterschiede zwischen deutschen und chinesischen Kommunikationsmustern sorgen für einen anderen Umgang mit Störungen in den Arbeitsbeziehungen. In China verfolgt man das induktive Argumentationsmuster, bei dem Gesprächsthemen nicht linear oder chronologisch vorgebracht werden (müssen). Es gilt nicht die Konvention, zuerst das Kernargument vorzustellen und anschließend mögliche Nebenthemen abzuleiten. Das Gespräch ist anders organisiert: ein eher assoziativer Gesprächsverlauf, der Wiederholungen einschließt, ist normal. Der Fall 5 zeigt auch, dass Mitarbeiter Konflikte nicht selbst lösen. Der gemeinsame Chef wird als Moderator eingeschaltet, um als Vertrauensperson für beide Seiten die Situation zu klären und zu entspannen.

Abb. 4.1 illustriert den Vergleich zwischen der westlichen Argumentationsweise (deduktiv) und der chinesischen Tradition (induktiv).

Im nächsten Abschnitt erläutern wir die Managementausbildung in China. Der Inhalt ist nach der aktuellen Bedeutung der Organisationen für die chinesische Volkswirtschaft gegliedert und gewichtet. Sie finden einen Abschnitt zu staatlichen Behörden und Unternehmen einerseits und den Privatunternehmen

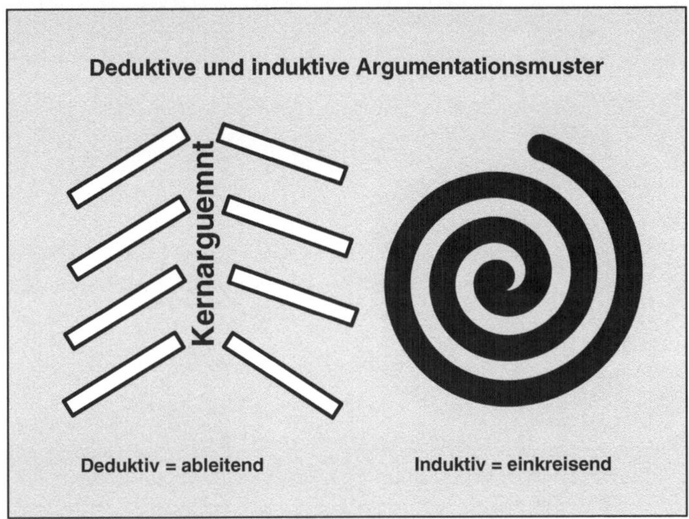

Abb. 4.1 Deduktive und induktive Denk- und Argumentationsmuster

andererseits. Die Praxisbeispiele und deren Einschätzung stehen wieder im Mittelpunkt unserer Ausführungen.

Überblick über die Managementausbildung in staatlichen Unternehmen und Behörden

5

5.1 Auswahl späterer Führungskräfte

In China existiert kein Berufsausbildungssystem. Schulabsolventen beginnen in Anlernaufgaben in den Betrieben. Führungskräfte oder erfahrene Mitarbeiter weisen sie bei den Arbeitsschritten an. Eine duale Ausbildung mit Berufsschulbesuchen, die vom Arbeitgeber mit einem Einkommen vergütet werden, ist in China nicht üblich. Die Mitarbeiter können somit keine verbriefte Facharbeiter- oder Meisterqualifikation erwerben. Der Qualifikationsaufbau erfolgt *on the job* im Arbeitsalltag. Der einzige Weg, vor dem Berufseintritt fundierte theoretische Qualifikationen zu sammeln, ist die Hochschulausbildung. Sie dauert für alle Fächer vier Jahre, nur Medizinstudenten studieren fünf Jahre. Der Zugang zu den Universitäten des Landes ist von einer anspruchsvollen Aufnahmeprüfung abhängig, die zentral gestellt wird. Das folgende Fallbeispiel 5 illustriert, wie in staatlichen Behörden und Unternehmen neue Mitarbeiter mit Führungspotenzial ausgewählt werden:

Fallbeispiel 6: Die Aufnahmeprüfung

Herr Zhu kommt aus einer Provinz in der Nähe von Schanghai. Er bereitet sich intensiv auf die jährliche Aufnahmeprüfung für Universitätsanfänger vor. Es ist ihm bewusst, dass die Wahl des Faches in China keinen großen Einfluss auf seine Karriere haben wird. Entscheidend ist, welche Hochschule ihn zum Studium zulassen wird. Davon hängen seine beruflichen Chancen in China ab. Er und seine Familie sind überglücklich, dass er bei der Aufnahmeprüfung gute Noten erhält.

Eine renommierte Hochschule in Schanghai akzeptiert ihn deshalb. Herr Zhu hat zwar von einer Eliteausbildung in Beijing geträumt, ist aber trotzdem

S. Müller und X. Yuan, *Führungskräfteentwicklung made in China*,
essentials, DOI 10.1007/978-3-658-15947-4_5

zufrieden. Er entscheidet sich für das Studium der Anglistik. Dies entspricht seinen Talenten. Ihm ist wichtig, dass er in diesen Fächern sehr gute Noten erzielt. Das ist sein Plan: er muss ab dem ersten Tag an der Universität aus der Vielzahl der Kandidaten durch seine Studienleistungen und sein Verhalten positiv herausstechen. Vier Jahre lang gibt sich Herr Zhu die denkbar größte Mühe. Zeit für sein Privatleben hat er nur selten. Er ist pausenlos mit Prüfungsvorbereitungen und Hausaufgaben beschäftigt. Das zahlt sich aus: seine Professoren sind ausgesprochen zufrieden mit seiner höflichen und bescheidenen Art. Auch seine Noten sind sehr erfreulich und er kommt mit allen Studienkollegen gut zurecht.

Chinesische Ministerien haben jedes Jahr die erste Wahl bei den Absolventen. Sie stellen allerdings nur die Besten ein. Neben guten Noten ist auch die soziale Kompetenz der jungen Menschen ein wichtiges Kriterium. Die Professoren von Herrn Zhu stellten ihm auch hierzu sehr gute Zeugnisse aus. Durch seine hervorragenden Leistungen und seine – wie die Professoren schreiben, „positive charakterliche Entwicklung“ – wird er vom chinesischen Staatsrat in Beijing als Mitarbeiter ausgewählt. Er wird mit einer Anlernaufgabe beginnen und zunächst auf eine Fachlaufbahn vorbereitet. Eine sehr gute Nachricht für Herrn Zhu und seine ganze Familie. Dies gilt als hohe Ehre und große Auszeichnung.

Einschätzung zum Fallbeispiel 6

- Herr Zhu zeigt das typische Verhalten chinesischer Schulabgänger: In China ist es wichtig, an welcher Universität ein Absolvent studiert hat. Dies entscheidet über die Qualität des Studiums und damit über das Image des Kandidaten. Das konkrete Studienfach spielt eine untergeordnete Rolle. Anders als in Deutschland gilt das Studium von Sprachen (im Fall von Herrn Zhu Anglistik mit zwei Nebenfächern) als solide Vorbereitung für das Berufsleben. Hier wird positiv unterstellt, dass die Absolventen neben den Sprachkenntnissen auch ein weitreichendes Verständnis der anderen Kultur erworben haben. Eine Kompetenz, die seit Beginn des chinesischen Reformkurses 1979 hohes Ansehen genießt. Es versteht sich von selbst, dass ein Abschluss im Ingenieurswesen oder in der Informationstechnologie ebenfalls hohe Akzeptanz erfährt.
- Wünschenswert ist die gezeigte persönliche Hingabe an das Studium durch Herrn Zhu, um seine individuellen Höchstleistungen zu sichern. Die ganze Familie ist bereit, Opfer für den Erfolg der Kinder an Schule und Universität zu leisten. Insbesondere die Zulassungsprüfung für die Universität verlangt in China viel von den Teilnehmern und ist wichtiger als das eigentliche Abitur.

- Herr Zhu hat keine Alternative zum Studium, wenn er einen anspruchsvollen Beruf ergreifen will. Der Druck auf Herrn Zhu ist deshalb hoch, an einer guten Hochschule angenommen zu werden. Eine direkte Bewerbung ist nicht möglich.
- Staatliche Behörden haben jedes Jahr die erste Wahl. Sie können ihre neuen Mitarbeiter unter den besten Absolventen jedes Jahrgangs bestimmen. Die Leistungseinschätzung im Studium erfolgt in China nicht nur auf Grundlage der Noten. Die Professoren beurteilen auch die persönliche Entwicklung der Studenten (wie beispielsweise Höflichkeit, Pünktlichkeit, Aufmerksamkeit im Unterricht, Erledigung der Hausaufgaben, Interaktion mit den anderen Studierenden, Lernwille) und sprechen am Ende des Studiums Empfehlungen aus.
- Auch für Akademiker mit sehr guten Abschlüssen beginnt das Berufsleben mit bescheidenen Anlernaufgaben. Praxiswissen aus dem späteren Arbeitsgebiet fehlen in den Curricula der Hochschulen, sodass die Arbeitgeber auch keine praktischen Kenntnisse von den Absolventen erwarten. Praktika oder studienbegleitende Arbeitsmöglichkeiten werden im Studienverlauf nicht angeboten.

Zusammenfassung

In China ist die Einschätzung der Hochschule wichtiger als das konkrete Studienfach für das Image des Absolventen. Fremdsprachenstudien werden als besonders nützlich angesehen, um die Internationalisierung des Landes zu unterstützen. Aus chinesischer Sicht erwirbt man neben den Sprachkenntnissen auch die Fähigkeit, mit der anderen Kultur umzugehen. Zudem möchten Eliteabsolventen bevorzugt den Eintritt in einen Staatsbetrieb bzw. in eine Behörde meistern, um den Weg in die obersten Führungszirkel des Landes zu ebnen. Diese Karrieren schaffen das beste Ansehen für die eigene Person und die gesamte Familie. Auch die sehr differenzierten Personalentwicklungsprogramme der staatlichen Arbeitgeber sind für viele Chinesen ein wichtiges Argument.

Im nächsten Abschnitt beschäftigen wir uns mit den Entwicklungsprogrammen der staatlichen Unternehmen und Ministerien. Wichtig hierbei ist, die jungen Talente zu keinem Zeitpunkt sich selbst zu überlassen. Sie werden sorgfältig ausgewählt und alle mit großem Aufwand systematisch angeleitet und weiterentwickelt. Nach unserem Verständnis entspricht dies eher dem Vorgehen, das wir bei Nachwuchs- oder Traineegruppen verfolgen. In chinesischen Behörden oder staatlichen Unternehmen werden jedoch alle neuen Mitarbeiter intensiv betreut.

5.2 Kompetenzentwicklung der Nachwuchsführungskräfte

Die Integrationsphase in den staatlichen Unternehmen und Ministerien umfasst verschiedene Aufgaben, die jeweils einige Monate ausgeführt werden. Neben dieser Job-Rotation ist auch eine systematische Vertiefung der Arbeitsaufgaben im Laufe der Anlernphase angestrebt. Neben den praktischen Arbeitsaufgaben wird die Anlernzeit von häufigen, intensiven Gesprächen zwischen den Anleitenden und den jungen Mitarbeitern begleitet. Das gibt den jungen Mitarbeitern Gelegenheit, Fragen zum Tagesgeschäft zu stellen. Der Arbeitgeber möchte die Persönlichkeit des Mitarbeiters verstehen, um so die ersten Schritte in den Beruf bei allen Höhen und Tiefen begleiten zu können. Natürlich wird auf diesem Weg auch die Eignung und die Motivation der Kandidaten eingeschätzt und im Kreis der Führungskräfte reflektiert.

Fallbeispiel 7: Der Mentor

Herr Zhu nimmt seine Aufgabe im Staatsrat in Beijing auf und erhält ab dem ersten Tag einen persönlichen Mentor. Der Mentor wird in der Regel von der Leitung ausgewählt. Jedem Berufseinsteiger wird eine Person zugeteilt. Im Falle von Herrn Zhu handelt es sich um Herrn Guo, einen wichtigen Abteilungsleiter, der ihn fachlich wie persönlich während der ersten Jahre begleiten soll.

Herr Zhu trifft seinen Mentor regelmäßig und dieser kümmert sich trotz vieler verantwortungsvoller Aufgaben im Büro intensiv um ihn: er liefert Erklärungen zur Arbeit des Staatsrates, beantwortet alle Fragen von Herrn Zhu und steht ihm mit Rat und Tat zur Seite, als Herr Zhu eine neue Wohnung sucht. Herr Zhu ist oft bei der Familie Guo zum Essen eingeladen. Zuerst finden beide Seiten sich nicht sehr sympathisch. Doch durch den engen Umgang stellten sich jedoch bald Gemeinsamkeiten ein, sodass sich zwischen Herrn Zhu und Herrn Guo langsam eine emotionale Bindung entwickelt. Herr Zhu fühlt sich schließlich wirklich in die Familie aufgenommen.

Natürlich ist auch die Führungskraft von Herr Zhu an der Einarbeitung und weiteren Entwicklung von Herrn Zhu intensiv beteiligt. Die Referatsleiterin Frau Li führt laufend Gespräche mit Herrn Zhu, um ihm die Arbeitsabläufe zu erklären. Herr Zhu erledigt derzeit zwar nur eher monotone Routineaufgaben, trotzdem hat er Mühe, sich vom Universitätsleben auf die Anforderungen im Arbeitsalltag einzustellen. Er befolgt sehr pflichtbewusst alle Arbeitsaufträge, braucht aber auch intensive Anleitung durch ältere Kollegen oder seine Chefin, Frau Li.

Auch sie lädt ihn regelmäßig zum Abendessen ein. Die Eltern von Herrn Zhu hat sie auch bereits kennengelernt. Bedingt durch die Aufgaben des Staatsrates bespricht Frau Li immer mehr politische Fragestellungen mit Herrn Zhu. Frau Li stellt Herrn Zhu Verständnisfragen zu den Aufgaben des Staatrates und bietet Zusatzerklärungen, da sie ihn auch aus der Perspektive der Kommunistischen Partei ideal fördern möchte. Herr Zhu wird in mehreren Abteilungen eingesetzt und lernt unterschiedliche Aufgaben von Fachexperten kennen. Aus chinesischer Sicht muss ein junger Mitarbeiter erst genug Wissen sammeln, bis er selbstständig Reflexionen anstellen kann. Die Gespräche zwischen Herrn Zhu und Frau Li darf man sich deshalb nicht als intellektuelle Debatten auf Augenhöhe vorstellen. Sie sind eher wie ein Lehrgespräch gehalten, bei dem Herr Zhu Wissen sammelt. Frau Li fände ihn sehr unhöflich und unreif, würde er kritisch ihre Aussagen infrage stellen und mit ihr diskutieren wollen.

Einschätzung zu Fallbeispiel 7

- Es ist in China üblich, dass Hochschulabsolventen beim Berufseintritt in eine staatliche Behörde oder einen Staatsbetrieb eine Mentorin oder einen Mentor erhalten. Diese Personen sind immer hochrangig. Die Beauftragung erfolgt durch die Behördenleitung. Die Mentoren sollen sich intensiv um die Neuen kümmern. Keine Seite hat die Wahl, sodass die Parteien lernen müssen, gut miteinander auszukommen. Im Beispielsfall liegt zwar keine spontane Sympathie vor, trotzdem erfüllt Herr Guo seine Aufgabe als Mentor pflichtbewusst. So wächst langsam das gegenseitige Vertrauen. Aus Sicht von Herrn Zhu ist Herr Guo in erster Linie eine Respektsperson. Unterstützt Herr Guo jedoch den jungen Mann bei der Einarbeitung und seinen persönlichen Anliegen, entsteht allmählich eine herzliche Verbindung. Das ist gewünscht, um auch in der weiteren Karriere den Kontakt zu halten und im Austausch zu bleiben. Im Gegenzug ist es für den Mentor wichtig, dass Herr Zhu zu keinem Zeitpunkt negativ auffällt. Diese „Schande“ würde auch auf Herrn Guo zurückfallen.
- In der Anlernphase ist es normal, dass die jungen Mitarbeiter in mehreren Abteilungen eingesetzt werden. Dort erfüllen sie Routinetätigkeiten, um sich an das Berufsleben zu gewöhnen. Sie sollen sich schrittweise ein Bild von allen Aufgaben des Arbeitgebers verschaffen und das Zusammenwirken

einzelner Abteilungen verstehen. Natürlich erwerben die Mitarbeiter in dieser Phase Basiskenntnisse in ihrem Arbeitsgebiet.

- Das Beispiel zeigt, dass auch die Führungskraft eine wichtige Rolle für den neuen Mitarbeiter spielt. Frau Li führt laufend Gespräche mit Herrn Zhu, um ihm ein möglichst detailliertes Bild über den Staatsrat zu verschaffen. Sie erklärt ihm alle Funktionen in ihrem Referat. Sie geht dabei auf alle Abteilungen und Fachexperten ein, indem sie Herrn Zhu anhand vieler Beispiele die Arbeitsweise erklärt. Nach einiger Zeit geht sie immer mehr auf einzelne Entscheidungen ihres Referats ein. Sie möchte verstehen, ob Herr Zhu diese zutreffend einordnen kann. Dazu stellt sie Verständnisfragen, auf deren Beantwortung sich Herr Zhu mit viel Mühe vorbereitet. Langsam führt ihn Frau Li neben der allgemeinen Arbeitsorganisation auch immer mehr an die Inhalte der Aufgaben heran. Herr Zhu soll auch die politischen Fragestellungen ihres Referats verstehen, um die Arbeitsweise der Partei und die Zusammenarbeit mit dem Staatsrat zu verstehen. Natürlich stellt sie auch zu diesen Aspekten immer öfter Wissensfragen.
- Typisch ist, dass Herr Zhu in den Gesprächen nicht auf die Idee käme, die Sinnhaftigkeit der vorgestellten Modelle oder der Entscheidungen von Frau Li infrage zu stellen. Anders als in Deutschland gilt die kritische Reflexion nicht als Zeichen selbstständigen Lernens. In China bietet der Konfuzianismus auch zu diesem Themengebiet eine klare Leitlinie: Ein Anfänger muss zuerst alle Themen sehr gut oder gut verstanden haben und dies in der Praxis beweisen. Erst wenn diese Voraussetzungen erfüllt wurden, erwirbt man das Recht auf selbstständige Reflexionen. Hinzu kommt: kritische Bemerkungen über die Kommunistische Partei in China werden zu keinem Zeitpunkt akzeptiert und von allen Gesprächsteilnehmern sorgfältig vermieden.

Zusammenfassung

Es ist typisch chinesisch, dem Aufbau und der Pflege zwischenmenschlicher Beziehungen viel Raum einzuräumen. Das Verhältnis zwischen Herrn Zhu und seinem Mentor Herrn Yuan entwickelt sich langsam, was von beiden Seiten als normal empfunden wird. Der Ausdruck von Respekt ist ebenfalls im Miteinander ein Leitmotiv, auch im privaten Rahmen. Die Vorbereitung junger Potenziale erfolgt durch verschiedene Maßnahmen, wobei immer der persönliche Kontakt (mit der Chefin Frau Li und dem Mentor) zwischen den Beteiligten eine wichtige Rolle spielt. Man investiert Zeit und Mühe in die jungen Mitarbeiter, was diese mit einer guten Vorbereitung zu den Gesprächen würdigen.

Aus chinesischer Sicht verschränkt sich so die persönliche Entwicklung mit der fachlichen Ausbildung.

In staatlichen Unternehmen und Ministerien ist es üblich, nach einer Etappe von ungefähr ein bis zwei Jahren, das Führungspotenzial junger Mitarbeiter einzuschätzen. Die Laufbahn der Kandidaten (Fachlaufbahn oder Führungslaufbahn) wird auf der Grundlage der bisherigen Erfahrungen mit dem Kandidaten festgelegt. Instrumente wie interne Assessment-Center kommen dabei nicht zum Einsatz. In China bevorzugt man die längere Bewährungsprobe anhand praktischer Aufgaben an der Basis anstatt einer konstruierten, eher kurzen Laborsituation.

Dazu ist es üblich, die Kandidaten mit einer fachfremden Aufgabe zu betrauen und sie an einen neuen Arbeitsplatz außerhalb der Behörde oder des Staatsbetriebs zu versetzen. Die Kandidaten werden in dieser Phase von mehreren Personen betreut: das bedeutet Unterstützung, aber natürlich auch Leistungseinschätzung. Auch bei diesem Schritt stehen fachliche Aspekte nicht im Vordergrund. Man beschäftigt sich intensiver mit den persönlichen und sozialen Kompetenzen der Kandidatinnen und Kandidaten. Frauen und Männer finden in China gleichberechtigte Aufnahme in diese Programme.

Lesen Sie im Fallbeispiel 8, welche beruflichen Schritte Herr Zhu macht.

Fallbeispiel 8: Versetzt aufs Land

Nach zwei Jahren mit verschiedenen Anlernaufgaben hat Herr Zhu die Basisarbeiten im Staatsrat gut kennengelernt. Er hat sich in allen Aspekten bewährt und Frau Li empfiehlt seinen nächsten Entwicklungsschritt, nachdem sie mit Herrn Guo viele Gespräche dazu geführt hat.

Jetzt soll Herr Zhu in ein abgelegenes Gebiet im Westen des Landes versetzt werden und dort als Lehrer in einer Grundschule arbeiten. Herr Zhu wird nicht nach seinen Vorlieben befragt. Ihm ist klar, dass dies als Entwicklungsschritt für seine weitere Karriere zu werten ist, den man ihm aufgrund seiner bisherigen Leistungen anbietet. Wünsche oder sogar Kritik an Standort oder Aufgabe sind fehl am Platz, das ist für Herrn Zhu selbstverständlich. Außerdem ist er darüber informiert, dass es sich um eine kurze Etappe von circa einem Jahr handelt.

Mit Stolz aber auch etwas Angst vor der neuen Situation fährt er los. Er nimmt sich vor, sich in jedem Moment des Tages die größte Mühe zu geben. Er möchte seiner Familie und seiner aktuellen Chefin keine Schande bereiten. Seine Verlobte begleitet ihn nicht in den Westen, da sie selbst gerade ihre ersten Schritte im Arbeitsleben erfolgreich beschreitet. Herr Zhu ist traurig und fürchtet sich vor der Einsamkeit. Trotzdem findet er die Entscheidung seiner Verlobten gut, denn so können sie später ihre Familien ideal unterstützen. Natürlich werden er und seine Familie in ständigem Kontakt stehen. Zum chinesischen Neujahrsfest kann er seine Angehörigen besuchen: im Augenblick sein einziger Lichtblick.

Einschätzung zum Fallbeispiel 8

- Herr Zhu hat verstanden, dass die Lehrtätigkeit auf dem Land als Bewährungsprobe zu verstehen ist. Er ist nicht begeistert darüber, für mindestens ein Jahr in ein abgelegenes Gebiet auf dem Land zu ziehen. Allerdings gibt es keine Alternative, wenn er seine beruflichen Ambitionen umsetzen möchte. Seine Familie lebt schon seit zwei Generationen in der Nähe von Schanghai. Trotzdem sind Chinesen jederzeit bereit, aus beruflichen Gründen umzuziehen. Es erscheint Herrn Zhu vernünftiger, motiviert an die Sache heranzugehen. Aus Sicht eines deutschen Nachwuchstalents ist diese Haltung sicher nicht einfach nachzuvollziehen. Aus westlicher Sicht muss ein so starker Eingriff in die private Lebensführung mit dem Mitarbeiter abgesprochen und – so ist die vielfach geäußerte Erwartung – durch den Arbeitgeber zumindest gut bezahlt werden.
- Herr Zhu fühlt sich unsicher, was seine neue Aufgabe angeht. Er hat bisher in seiner beruflichen Laufbahn noch keine Erfahrung als Lehrer gesammelt und sich auch im Studium niemals mit Pädagogik beschäftigt. Der fachfremde Einsatz ist aus chinesischer Sicht für einen gut ausgebildeten Menschen mit hoher Motivation keine ernsthafte Barriere. Herr Zhu hofft allerdings auf gute Anleitung durch die Behörden und Kollegen vor Ort. Ein lockeres Junggesellenleben kommt für Herrn Zhu auch auf dem Land nicht infrage. Gerade sein moralischer Lebenswandel und sein Verhalten stehen in dieser Phase auf dem Prüfstein. Er weiß: Zeigt er schlechtes Benehmen (mangelndes Pflichtgefühl und schlechte Leistung als Lehrer, Unhöflichkeit gegenüber örtlichen Funktionären, unmoralischen Lebenswandel wie Alkoholgenuss oder schlechten Umgang) wird er im Staatsrat nicht weiterentwickelt. Eine Führungskarriere wäre schon vor dem Beginn beendet und er bliebe in der Fachlaufbahn. Im schlimmsten Fall würde er längere Zeit „auf dem Land vergessen“ und könnte erst später in die Stadt zurückkehren.
- Das Prestige der Führungsverantwortung ist in China sehr groß, deshalb möchte jeder motivierte Mitarbeiter diese Position erreichen. Im Gegensatz zum deutschen Verständnis, wo auch Fachexperten großes Ansehen genießen, sind diese in China „Manager zweiter Klasse“. In China stellt man deshalb

die private Lebensplanung während dieser Entwicklungsphase bedingungslos zurück. Jede Unbedachtsamkeit von Herrn Zhu, die man in der Beurteilung seiner Person als Fehler auslegt, wäre eine große Schande für ihn und seine ganze Familie – und dieser Fauxpas wäre normalerweise nicht mehr auszugleichen. Herr Zhu will sich auch weiterhin konzentrieren und seine beste Leistung abrufen. Der Wechsel zu einem gleichwertigen anderen Arbeitgeber nach einem Misserfolg ist für Herrn Zhu nicht denkbar. Es wird folglich erwartet, mit jeder Situation erfolgreich umzugehen. Der Leistungsdruck ist beachtlich.

Zusammenfassung

Aus deutscher Perspektive betrachtet, benötigt man für die Aufgaben als Grundschullehrer eine spezifische Ausbildung. Hier junge Potenzialträger mit einer anderen Berufsausbildung einzusetzen erscheint uns ungewöhnlich. Die Versetzung in ein weit entferntes Gebiet ist bei uns ebenfalls nur mit dem ausdrücklichen Einverständnis des Mitarbeiters möglich, anderenfalls befürchten wir Motivationsstörungen. In China gilt dies als normale Etappe im Aufbau der Karriere. Diese Phase wird auch in China von den Betroffenen nicht immer mit viel Liebe für die Aufgaben durchlaufen, dafür aber mit intensiver Pflichterfüllung erledigt. Es ist klar, dass die Beurteilung der Aufgabenerfüllung entscheidend für die weitere Karriere ist, daher möchten gerade die Nachwuchstalente die Erwartungen erfüllen. Argumente wie „Work-Life-Balance" erscheinen den Chinesen in dem Kontext völlig verfehlt. Aktuell ist man in China bereit, alle privaten Wünsche für die aussichtsreiche berufliche Entwicklung zurückzustellen.

Für eine Karriere als Führungskraft steht in China die Entwicklung durch den Arbeitgeber im Mittelpunkt. Anders als in Deutschland, wo ein Arbeitsplatzwechsel durchaus üblich ist, um eine Stufe auf der Karriereleiter aufzusteigen, muss der Mitarbeiter abwarten und Geduld zeigen. Wie im Beispiel illustriert, müssen alle Aspiranten sich dem Beurteilungsverfahren unterwerfen. Bei positivem Verlauf erhalten junge Mitarbeiter eine erste, eher unbedeutende Gruppenleiteraufgabe für die Dauer von drei bis vier Jahren nach Eintritt in das Staatsunternehmen oder das Ministerium. Normalerweise sind sie dann Ende zwanzig. Lesen Sie im nächsten Abschnitt, was für den Aufbau einer Karriere als Führungskraft wichtig ist.

6 Laufbahnentwicklung im Staatsunternehmen

Für eine weiterführende Karriere im oberen Management ist in China die Mitgliedschaft in der Kommunistischen Partei unerlässlich. Die Kandidaten können sich nicht bewerben, sondern müssen von mindestens zwei Parteimitgliedern für die Aufnahme empfohlen werden. Das ist ein langwieriger Prozess, der von vielen Gesprächen begleitet wird.

Die jungen Kandidaten versuchen, fachlich und charakterlich als Führungskraft den Anforderungen gerecht zu werden – und ihre politische Eignung zu beweisen. Als Methode wählt man in China zahlreiche Gespräche zwischen der Führungskraft, weiteren Vertretern der Partei und dem Führungsnachwuchs. Es fehlen die bei uns üblichen, ausdifferenzierten Kompetenzprofile der Mitarbeiterinnen und Mitarbeiter oder strukturierte Anforderungsbeschreibungen der Aufgaben. Das macht die Beurteilung aus chinesischer Sicht jedoch nicht beliebig.

Deutsche assoziieren im Kontext dieser Informationen häufig Begriffe wie „Vetternwirtschaft", in denen konkrete Leistungen eine geringe Rolle spielen. In China denkt man, dass der oben beschriebene, mehrjährige Auswahlprozess in idealer Weise die nötigen Informationen über die Kandidaten liefert. So findet man die geeigneten Personen für die Führung der Staatsbetriebe. Dabei ist die Hauptanforderung an Führungskräfte ihre Loyalität für das Unternehmen oder die Behörde. Die Qualität der Arbeit kann bei großer Zufriedenheit mit der Person in den Hintergrund treten. Wenn also die Führungskraft nicht die gewünschten Ergebnisse liefert, liegt die Verantwortung bei der darüber liegenden Hierarchiestufe. Sie sind dann aufgerufen, die Kollegin oder den Kollegen noch intensiver zu unterstützen. Nur die Führungskräfte, die über einen längeren Zeitraum nicht die gewünschten Ergebnisse erzielen, werden auf eine neue Position versetzt, allerdings in der gleichen Hierarchiestufe. Eine leistungsbezogene Kündigung ist in China nicht üblich.

S. Müller und X. Yuan, *Führungskräfteentwicklung made in China*,
essentials, DOI 10.1007/978-3-658-15947-4_6

Ein K.-o-Kriterium sollte allerdings erwähnt werden: Falls es bei den Kandidaten zu verhaltensbedingten, moralischen Auffälligkeiten kommt (wie beispielsweise ein Strafdelikt oder Ehebruch), ist die Chance auf Aufnahme in die Partei verspielt bzw. der sofortige Ausschluss aus der Partei wahrscheinlich. Jede Karriere in China ist damit beendet und es kann zur Kündigung kommen.

Fallbeispiel 9: Die Karriereleiter beginnt in einer Grundschule

Herr Zhu arbeitet ein Jahr als Englischlehrer an einer Grundschule. Für die ersten Schritte im Unterricht wird er durch eine Regierungsstelle angeleitet. Die Kollegen unterstützen ihn besser als erwartet. Herr Zhu ist anfangs nervös, denn er hat noch keine Unterrichtserfahrung. Er bereitet sich intensiv auf seine Stunden vor. Er findet, dass auch kleine Kinder einen ernsthaften Lehrer verdienen. Es stellt sich bald heraus: Nach Anfangsschwierigkeiten zeigt sich Herr Zhu als ein guter Lehrer. Kinder, Eltern und die Schulleitung sind sehr zufrieden mit seinem Verhalten und seinem Unterricht. Seine Freizeit verbringt er mit der Familie, bei der er auch wohnt. Es sind einfache Menschen, an deren Dialekt er sich erst gewöhnen muss. Er gibt sich allerdings große Mühe, immer bescheiden und höflich zu sein. Das Einvernehmen ist schon nach kurzer Zeit herzlich und sein Heimweh hält sich in Grenzen.

Auch in dieser Phase begleitet die Partei seinen beruflichen Weg. Regelmäßige Gespräche finden statt, immer häufiger ist es ein Diskurs über wirtschaftspolitische Themen. Die Partei möchte die politische Einstellung von Herrn Zhu einschätzen und unabhängig von der Tagespolitik auf Kurs halten. Man ist sehr zufrieden mit ihm: Er ist gut informiert, stets motiviert und höflich. Zudem gelingt es ihm, sich gut auszudrücken. Diese Kompetenz genießt in China hohes Ansehen. Es gibt von keiner Seite Beschwerden über seine Person oder seinen Lebenswandel. Jetzt soll er im Staatsrat eine Aufgabe als Gruppenleiter übernehmen. Herr Zhu ist überglücklich. Er freut sich, dass seine Familie und seine Verlobte so stolz auf ihn sind. Seine harte Arbeit hat sich gelohnt und er blickt mit den besten Erwartungen auf seine Hochzeit im neuen Jahr. Jetzt verdienen er und seine Braut genug für diesen Schritt.

Nach weiteren sieben Jahren guter Arbeitsergebnisse als Gruppenleiter wird Herr Zhu in die Partei aufgenommen. Es ist für ihn eine große Ehre, dass seine Entwicklung so positiv wahrgenommen wurde. Danach arbeitet Herr Zhu einige Jahre als Abteilungsleiter in der Betreuung von Expatriates in China. Während dieser Zeit besucht er Fach-, Sprach- und Führungsseminare. Um seine Kompetenzen weiter auszubauen – und als Anerkennung für seine bisherigen Leistungen – entsenden seine Führungskräfte ihn nach England. Er darf mit einem staatlichen Stipendium ein Masterstudium ablegen.

Diesmal begleitet ihn seine Familie, denn mittlerweile hat er auch einen Sohn. Er kehrt nach zwei Jahren als frischgebackener Master und stellvertretender Referatsleiter nach Beijing zurück. Aktuell ist Herr Zhu 49 Jahre alt und im richtigen Alter für die Position des Hauptabteilungsleiters im chinesischen Staatsapparat. Man hat ihm die neue Aufgabe bereits angekündigt. Er hat zur Vorbereitung schon ein dreimonatiges Weiterbildungsprogramm an der Verwaltungshochschule Beijing absolviert. Zusätzlich hat er im letzten Jahr an einem Austauschprogramm zwischen deutschen und chinesischen Führungskräften teilgenommen und besuchte zwei Wochen mit einer chinesischen Delegation deutsche Industrieunternehmen und Behörden.

Einschätzung zum Fallbeispiel 9

- Das Fallbeispiel zeigt, wie bedeutend in China die Rolle des Arbeitgebers für die Karriereentwicklung ist. Insbesondere Staatsbetriebe und -behörden bieten interessante Aufgaben, begehrte Managementkurse und sogar verschiedene Weiterbildungsmaßnahmen im Ausland, bei denen die Mitarbeiter großzügig finanziell unterstützt werden. Ein Stipendium für ein Masterstudium ist bei Mitarbeitern wie bei der Leitung gleichermaßen beliebt. Auch Austauschprogramme mit Unternehmen, bei denen ausgewählte Führungskräfte aus z. B. Deutschland und China jeweils für zwei Wochen das jeweilige Gastland besuchen, sind üblich. Im Vergleich zu Deutschland spielen in China private Anbieter von Managementkursen oder Fachtrainings noch eine untergeordnete Rolle für ambitionierte Mitarbeiter. Langsam etabliert sich jedoch ein solides Angebot, das auch angenommen wird.
- Die Parteimitglieder, die die Aufnahme in die Partei bei einem Kandidaten empfehlen, bleiben auch später die politischen Mentoren des Nachwuchstalents. Sie kümmern sich auch weiterhin um die politische Entwicklung der jungen Führungskräfte: sie informieren, erklären, leiten an und helfen dabei, noch intensivere Kontakte in der Partei zu knüpfen. Der Kontakt zu Mentoren und (ehemaligen) Führungskräften wird kontinuierlich gepflegt.
- Voraussetzung für den ersten und alle weiteren Schritte in den oberen Führungskreis ist die Aufnahme in die Kommunistische Partei. Da dies als solide Grundlage für Karriere gilt, streben alle jungen Nachwuchsführungskräfte nach dieser Anerkennung. Wie im Fallbeispiel beschrieben, bemüht sich Herr Zhu über viele Jahre darum, seine politische Qualifikation nachzuweisen. Er erreicht diesen Schritt in einem klassischen Moment, circa zehn Jahre nach dem Eintritt in den Staatsrat.

- Gelingen der Nachwuchsführungskraft die weiteren beruflichen Schritte, wird sie regelmäßig befördert, wie das Beispiel von Herrn Zhu zeigt. Zum passenden Alter für die Beförderung in Spitzenämter hat sich allerdings in China eine neue Einschätzung durchgesetzt: Chinesische Staatsbedienstete können heutzutage schon ab circa 35 Jahren die Aufgaben eines Hauptabteilungsleiters übernehmen, wenn sie geeignet erscheinen. Bislang konnte man eine solche Position erst im reiferen Alter von ca. 50 Jahren ausüben.

Zusammenfassung

In den vorangegangenen Abschnitten haben wir das Talentmanagement von Führungskräften in staatlichen Betrieben und Behörden vorgestellt. Sie finden Anregungen zu den Aspekten Recruiting, Integration und langfristige Entwicklung. Aufgrund der Bedeutung der staatlichen Institutionen für China nehmen diese Ausführungen mehr Raum ein als die unten folgende Darstellung über Entwicklungsprogramme in den chinesischen Privatunternehmen. Die weiteren Kapitel sind, wie zuvor, durch Fallbeispiele illustriert und durch unsere Einschätzung abgerundet.

Laufbahnentwicklung im Privatunternehmen

7

Anders als im Staatsbetrieb oder in öffentlichen Behörden steht im Privatunternehmen die Fachkompetenz der Mitarbeiter im Vordergrund, nicht die politische Eignung. Chinesen sehen diese Unternehmen als Chance, ihre ökonomische Stellung zu verbessern. Der private Sektor entwickelt sich immer mehr, sodass auch das Image dieser Betriebe mittlerweile für Arbeitnehmer attraktiv ist.

Fallbeispiel 10: Karriere im Privatunternehmen

Frau Wu Yueling studiert Betriebswirtschaft in der Provinz Shang Dong. Sie wird von einem großen chemischen Staatsbetrieb für Lacke- und Farben als Referentin für Kundenmanagement angestellt. Später legt sie auf Kosten des Unternehmens in Australien ein Masterstudium ab und macht mehrere Entwicklungsschritte im Unternehmen.

Da immer mehr privatwirtschaftliche Unternehmen in China entstehen, entscheidet sich Frau Wu Yueling dafür, Mitte der 90iger Jahre in ein Privatunternehmen zu wechseln. Das steht ihr aus Sicht der chinesischen Partei frei (noch ist sie kein Parteimitglied), denn sie kann auf diese Weise ihr Gehalt verdreifachen.

Sie geht nach Shenzhen in die erste Wirtschaftssonderzone, um dort bei einem ehemaligen Kunden zu arbeiten. Ihr Fachwissen qualifiziert sie für diese Aufgabe. Die bisherige gute Zusammenarbeit tut ein Übriges für ihre Abwerbung.

Frau Wu wird wegen ihrer Erfolge in ihren Projekten und durch ihre breiten internationalen Erfahrungen bei ihrem neuen Arbeitgeber kontinuierlich befördert. Das Unternehmen bietet ihr zahlreiche Trainings und Managementkurse an (SAP, Präsentation, Buchhaltung, Führungstraining). Mittlerweile ist Frau Wu General Managerin einer Chemie Holdinggesellschaft und verantwortet

S. Müller und X. Yuan, *Führungskräfteentwicklung made in China*,
essentials, DOI 10.1007/978-3-658-15947-4_7

das internationale Geschäft in mehreren Regionen. Häufig besucht sie auf ihren Geschäftsreisen in einer Woche mehrere Kontinente. Ihr Gehalt wächst kontinuierlich zusammen mit ihrer Verantwortung. Zwischenzeitig hat sie drei Eigentumswohnungen gekauft. Ihre Tochter besucht ein deutsches Eliteinternat. Frau Wu ist sehr zufrieden mit ihrer beruflichen Entwicklung.

Einschätzung zum Fallbeispiel 10

- Frau Wu beweist Mut, sich einer neuen Aufgabe an einem neuen Ort zu stellen. Da sie sich im Staatsunternehmen bereits für weiterführende Aufgaben qualifiziert hatte, war es jedoch kein Sprung in eine ungewisse Zukunft. Sie fühlte sich sicher, auch den neuen Anforderungen gewachsen zu sein. Das Beispiel illustriert: Finanzielle Anreize und der Ausblick auf eine bessere Zukunft sind für Chinesen reizvoll. Die Bindung an den Arbeitgeber nach deutschem Vorbild ist in China nicht gegeben. Kommt ein gutes Angebot, so nimmt man es in China – nach Abwägung der Chancen und Risiken – gerne an. Die Bindung zwischen Führungskraft und Mitarbeitern ist jedoch sehr eng. Nicht selten wechseln Chinesen zusammen mit dem Chef in ein neues Unternehmen. Es gibt Fälle, in denen ganze Abteilungen von einem Arbeitgeber zum anderen wechseln.
- Chinesische Privatunternehmen werben für Schlüsselpositionen systematisch Fachkräfte aus den Staatsbetrieben ab. Ein strukturiertes Talentmanagement der eigenen Mitarbeiter ist aktuell in diesen Unternehmen noch nicht etabliert. So mangelt es durchgängig an leistungsfähigen, erfahrenen Führungskräften. Frau Wu brachte die gesuchten Qualifikationen durch die gute Personalentwicklung im Staatsbetrieb mit und man übertrug ihr immer mehr Verantwortung.
- Auch im Privatunternehmen führt Frau Wu viele intensive Gespräche mit ihren Führungskräften. Politische Themen bleiben jetzt allerdings ausgeklammert, es dreht sich immer um Fragen der Unternehmensführung oder Aufgabenerfüllung. Antikommunistische Äußerungen werden aber auch hier nicht geduldet, wenn die Privatunternehmen in China auch komplett ohne staatliche Kontrolle agieren können.
- Die Unterstützung zu konkreten Fachaufgaben ist im Privatunternehmen breit gefächert, sodass Frau Wu neben aufgabenbezogenen Trainings auch Führungstrainings besuchen konnte. Die Mitarbeiter werden nach dem Vorbild westlicher Managementmethoden geschult, wenn das System auch noch nicht so perfekt ausdifferenziert ist wie in den Staatsbetrieben.

- Gelingt es den Unternehmen nicht aus eigener Kraft, passende Angebote für die Mitarbeiter aufzubauen, suchen sie westliche Partner bzw. Bildungsträger für Kooperationen. Agenturen bieten in China aktuell neben Trainings auch unterschiedliche Kooperationsmodelle mit europäischen oder amerikanischen Unternehmen an. Besonders diese Lernmethoden kommen in China gut an, da man viel von Erfahrungswissen und Lernen am Praxisfall hält.

Zusammenfassung

Arbeitgeber legen bei der Gestaltung von Führungskarrieren viel Wert auf die langsame Entwicklung. Die Auswahl der Potenzialträger nach deutschem Vorbild ist nicht üblich. Sie erscheint den Chinesen zu schnell und nicht fundiert genug. Der Unterschied zwischen staatlichen und privaten Unternehmen ist, dass den Privatunternehmen die Strukturen für die gewünschte langfristige Entwicklung der Führungskräfte noch fehlen. So werben sie qualifizierte Mitarbeiter aus den Staatsbetrieben ab. Dies funktioniert, weil die Angebote lukrativ sind.

In der nachfolgenden Übersicht finden Sie eine Zusammenfassung weiterer Anreizmodelle, die in China für die Mitarbeiter attraktiv sind und zu einem Arbeitgeberwechsel führen können:

Instrumente zur Motivationssteigerung und erfolgreichen Betriebsbindung chinesischer Mitarbeiter

- Leistungsorientierte, attraktive Bezahlung und jährliche Gehaltssteigerung (das Gehaltsangebot soll über dem regionalen Marktniveau liegen)
- Weiterbildungsmaßnahmen und fortlaufende Qualifizierung
  1. Sprachkurse
  2. Technische Schulung
  3. Managementseminare
- Langfristige Entwicklungsperspektiven im Unternehmen Aufstiegsangebote und Karrierechancen für Leistungsträger
- Internationalität, weltweite Vernetzung, Abenteuer und Spaß
- Wertschätzung der Mitarbeiter, gutes Arbeitsklima, Vertrauenskultur
- Bei internationalen Unternehmen: Interkulturell ausgewogener, partizipativer Führungsstil und ein egalitärer Umgang mit chinesischen Mitarbeitern
- Persönliche Betreuung und Fürsorge seitens der Führungskraft

- Zusatzleistungen
  1. Betriebliche Altersversorgung
  2. Betriebliche und zusätzliche Krankenversicherung
  3. Günstige Dienstwohnungen und Mietzuschüsse
  4. Unterstützung beim Erwerb einer Eigentumswohnung (eine Art innerbetriebliche Bausparkasse, kann mit Pflicht zur Verweildauer im Unternehmen gekoppelt werden)
- Firmenwagen, zusätzliche Versicherungen, vom Unternehmen gesponserte Klub-Mitgliedschaften als Statussymbole für Spitzenkräfte
- Unternehmenserfolg und Erfolgsaussichten auf längere Sicht
- Positives Image des Unternehmens

8 Schluss: Erfolgreiche Zusammenarbeit

Die Unterschiede zwischen dem Arbeits- und Managementstil in China und Deutschland sind für beide Seiten offensichtlich. Die Durchführung systematischer Studien oder die Auswertung bestehender Daten zu den Bereichen Personal und Führung sind in China für inländische wie ausländische Partner aktuell nur mit wenigen Ausnahmen möglich. In unserer Darstellung zur Entwicklung der Führungskräfte war es unser Anliegen, wesentliche Charakteristika der chinesischen Herangehensweise herauszuarbeiten. So stellen wir dem Leser erste Eindrücke über die konkreten Unterschiede im Arbeitsalltag vor. Dabei greifen wir auf unsere jahrelange Felderfahrung bei der Begleitung von Führungskräften beider Länder zurück.

Eine häufig gestellte Frage unserer Trainingsteilnehmer ist, ob es nötig ist, sich an die chinesischen Vorstellungen anzupassen. Unsere Antwort ist mehr eine Empfehlung: Wenn es Ihnen gelingt, sich in wichtigen Punkten in Ihrem Verhalten an die chinesischen Wertvorstellungen anzunähern, erleichtert Ihnen das die Zusammenarbeit nachhaltig.

Warum? Ihren chinesischen Partnern wird es meist an internationalen Erfahrungen fehlen. Sie sind sicher noch nicht geübt darin, Ihr Verhalten unter dem Aspekt der deutschen Kultur zu beurteilen. Bieten Sie ein unter chinesischen Aspekten geschätztes Bild Ihrer Persönlichkeit, kann dies Missverständnisse und anhaltende Störungen in der Zusammenarbeit vermeiden. Dabei soll es natürlich nicht darum gehen, unreflektiert chinesisches Verhalten zu kopieren. Aus unserer Sicht steht es eher im Vordergrund, Ihren Blick für die Wertvorstellungen Ihrer Partner zu schärfen und die vorgestellten Informationen zu Ihrem Vorteil zu nutzen.

Wir wünschen Ihnen bei der Entfaltung Ihres Potenzials alles Gute!

S. Müller und X. Yuan, *Führungskräfteentwicklung made in China*,
essentials, DOI 10.1007/978-3-658-15947-4_8

Was Sie aus diesem *essential* mitnehmen können

- Das Buch ist sehr gut geeignet für die Vorbereitung von Kontakten mit China
- Es unterstützt Praktiker im Personalwesen oder im Management dabei, aktuelle persönliche Erfahrungen mit chinesischen Partnern noch besser zu verstehen und sich auf die Erwartungen der anderen Seite einzustellen
- Das Buch ist eine Reflexionshilfe. Der Vergleich mit den Praxisbeispielen hilft dabei, die Handlungskompetenz deutscher Akteure auszubauen, weil verschiedene Handlungsoptionen vorgestellt und eingeschätzt werden

S. Müller und X. Yuan, *Führungskräfteentwicklung made in China*,
essentials, DOI 10.1007/978-3-658-15947-4

Weiterführende Literatur

Comelli, Gerhard, Rosenstiel, Lutz von. 2009. *Führung durch Motivation: Mitarbeiter für Unternehmensziele gewinnen*. München: Valen.

Haas, Oliver. 2014. *Corporate Happyness als Führungssystem: glückliche Mitarbeiter leisten gerne mehr*. München: ES Verlag.

Kissinger, Henry. 2012. *On China*. London: Penguin.

Konfuzius: Gespräche (Lunyu). 2012. Berlin: Herder.

Müller, Sandra, Yuan, Xueli. 2010. Expansion nach China, Wertbeitrag von Managementtrainings. *Arbeit und Arbeitsrecht* S. 504–507.

Müller, Sandra. 2015. Konfliktmanagement in internationalen Arbeitsgruppen. *Arbeit und Arbeitsrecht* S. 42–44.

Naisbitt, John, Neisbitt Doris. 2009. *Chinas Megatrends. Die 8 Säulen einer neuen Gesellschaft* München: Hanser.

Parment, Anders. 2013. *Die Generation Y. Mitarbeiter der Zukunft motivieren, integrieren, führen*. Wiesbaden: Springer Gabler.

Reisach, Ulrike, Tauber, Theresia, Yuan, Xueli. 2007. *China – Wirtschaftspartner zwischen Wunsch und Wirklichkeit*. München: Redline Wirtschaftsverlag.

Rosenstiel, Lutz von, Regnet, Erika, Domsch, Michael (Hrsg.). 2014. *Handbuch für erfolgreiches Personalmanagement*. Stuttgart: Schäffer Pöschl.

Seligman, Martin. 2005. *Positive Psychologie*. Köln: Bastei-Lübbe.

Thomas, Alexander. 2011. *Interkulturelle Handlungskompetenz. Versiert, angemessen und erfolgreich im internationalen Geschäft*. Wiesbaden: Springer Gabler.

S. Müller und X. Yuan, *Führungskräfteentwicklung made in China*,
essentials, DOI 10.1007/978-3-658-15947-4